Lectura
Scott Foresman

Nuevos pasos

Tú + yo = ¡Amigos!

¡Mirar a fondo!

Paso a paso

Scott Foresman

Conozcamos al ilustrador de la portada
John Sandford vive en Michigan, donde hay muchos animalitos, como ardillas y conejos. Cuando pinta un animal siempre piensa en alguna persona que conoce. Dice que así sus animales llegan a tener personalidad propia.

ISBN 0-673-59653-2

8 9 10-VH-06 05 04

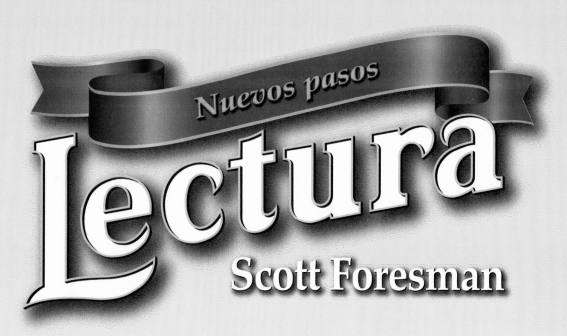

Nuevos pasos

Lectura

Scott Foresman

Autores del programa

George M. Blanco

Ileana Casanova

Jim Cummins

George A. González

Elena Izquierdo

Bertha Pérez

Flora Rodríguez-Brown

Graciela P. Rosenberg

Howard L. Smith

Carmen Tafolla

Scott Foresman

Oficinas editoriales: Glenview, Illinois • New York, New York
Oficinas de ventas: Reading, Massachusetts • Duluth, Georgia • Glenview, Illinois
Carrollton, Texas • Menlo Park, California

Contenido

Tú + yo = ¡Amigos!

Autor célebre

Ívar Da Coll

Sapo y Sepo, un año entero
Arnold Lobel

En los jardines de la ciudad

Contenido

¡Mirar a fondo!

Autor célebre
Ivar Da Coll

Unidad 2

Contenido

Paso a paso

Hoy por ti,
mañana por mí.

Tú + yo = ¡Amigos!

¿Por qué somos únicos?

Chacho y Nacha

por Carmen Tafolla
ilustrado por Joe Cepeda

Chacho y su hermana Nacha

se tienen que despertar.

Es que llega la familia,

y todo se tiene que preparar.

Chacho le dice a Nacha

que al bebito deben bañar.

Es que llega la familia

y todo se tiene que preparar.

Nacha le dice a Chacho

que la mesa deben arreglar.

Es que llega la familia

y todo se tiene que preparar.

Chacho le dice a Nacha

que las chalupas deben cocinar.

Es que llega la familia

y todo se tiene que preparar.

Chacho y Nacha están cansados

y quieren descansar.

Es que llega la familia

y todo se tiene que preparar.

Ahora Nacha prende el radio

y la música se ponen a escuchar.

Es que llega la familia

y todo se tiene que preparar.

Entonces Chacho y Nacha

terminaron de organizar.

Es que llega la familia

y no tardan en tocar.

La familia ha llegado.

Chacho y Nacha van a celebrar.

Es que han trabajado mucho,

y ahora pueden disfrutar.

¡Qué bien!

Soy como soy

por Hilda Perera
ilustrado por Viví Escrivá

Me encantan los animales. Yo soy así.
Una mañana oí un gatito maullando, y
antes de darme cuenta, ya lo había cargado
en mis brazos y estaba buscándole leche.

El gatito tenía los ojitos recién abiertos
y maullaba que daba lástima.

En ese momento pensé llevarlo a casa.
Lo malo es que en casa no hay mucho
espacio para animales.

Pero como yo soy como soy, enseguida
convencí a mi familia.

El gato se quedó.

Al principio todo fue bien.

A la mañana siguiente encontré un
conejito. Era blanco con las orejas negras.
Pero, como yo soy como soy, enseguida
lo cargué y lo llevé para mi casa.

Mamá me dijo: —Ay, muchacho, no hay espacio donde ponerlo.

La convencí diciéndole que el conejito se quedaría en la sala.

A la mañana siguiente oí un gallo suelto
en la calle. Era rojo, verde y amarillo. Me dio
mucha lástima…

Pero, como yo soy como soy, enseguida
lo cargué y lo llevé para mi casa.

Papá me dijo: —Muchacho, no hay espacio
donde ponerlo.

Lo convencí diciéndole que el gallo se
quedaría en el patio.

A la mañana siguiente encontré una
cotorra posada en la rama de un árbol.
Era verde y amarilla, y miraba de lado con
sus ojitos negros.

Pero, como yo soy como soy, enseguida
la cargué y la llevé para mi casa.

—Ni se te ocurra, muchacho, que no
hay espacio donde ponerlo —me dijo mi
hermano mayor.

Lo convencí diciéndole que la cotorra se
quedaría en su cuarto.

A la mañana siguiente mi tía me trajo
una pecera con pececitos.

—Ay, muchacho, si no tenemos espacio
donde ponerlos —dijo mi abuela.

Pero, como yo soy como soy, enseguida
la convencí de que los pusiera sobre su
mesita de noche.

A la mañana siguiente salí a dar un
paseo. Me siguió un perro sucio y perdido.

Como yo soy como soy, enseguida
me dio lástima y lo llevé para mi casa.

Allí lo bañé bien.

Mi hermana me dijo: —Ay, muchacho,
no hay donde ponerlo.

—No te preocupes; se queda en la cocina
—le dije.

A la mañana siguiente vi una tortuga en
el patio. Era verde y amarilla.

Como yo soy como soy, enseguida
le conseguí un terrario y la puse en el comedor.

—Ya no cabemos en la casa —dijo el tío
Pablo.

—Vamos a mandar al gato, y al conejo, a la cotorra y a todos los animales a la granja de mi amigo Andrés —dijo mi mamá.

—Sí, eso mismo —dijo mi hermano.

—Eso mismo —dijo mi hermana.

—Eso mismo —dijo mi papá.

—Eso mismo —dijo el tío Pablo.

Como yo soy como soy, me sentí tristísimo.
Les pedí, les supliqué.

—Ese niño tiene un corazón de oro y
lo demuestra con los animales —dijo mi
abuela—. Quizás si lo ayudamos podemos
cuidarlos entre todos.

Mi papá estuvo de acuerdo. Mi mamá
también.

Y yo sigo siendo así como soy.

Acabo de traerle a mi familia un ternerito que me encontré balando en medio del parque.

Conozcamos a la autora

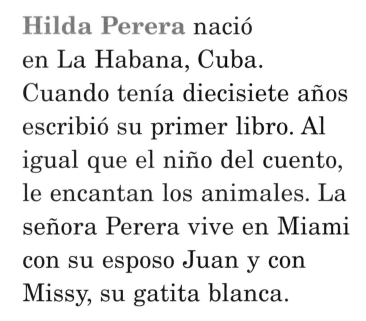

Hilda Perera nació en La Habana, Cuba. Cuando tenía diecisiete años escribió su primer libro. Al igual que el niño del cuento, le encantan los animales. La señora Perera vive en Miami con su esposo Juan y con Missy, su gatita blanca.

Conozcamos a la ilustradora

Viví Escrivá ama el arte. Es pintora, como sus padres. De niña, sus juguetes favoritos eran los lápices y el papel. La señora Escrivá es española. Le gustó ilustrar la familia grande y unida del cuento.

Hablemos

¿Qué dirían en tu casa si trajeras todos los animales que recoge el niño?

Piénsalo

1. ¿Qué palabras usarías para decir cómo es el niño?

2. ¿Por qué crees que el niño pudo convencer a su familia de quedarse con los animales?

3. ¿Qué podría pasar después de que el niño traiga el ternero a su casa?

Haz un cartel

Trabaja con dos compañeros o compañeras. Escojan un animal del cuento. Hagan un cartel que lo describa y que diga que está perdido. Presenten su cartel a la clase.

Un gallo y un canario

por Mario Lamo-Jiménez

ilustrado por Dolores Avendaño

A las seis de la mañana el gallo de Quique Castro cantaba: *Quiquiriquí, quiquiriquí.*

Cada día cuando el gallo cantaba, Quique Castro se levantaba de la cama.

Y a las seis una voz cansada gritaba
desde la casa de al lado: —¡Que se calle
ese gallo! Aquí la gente quiere dormir.

Pero para Quique Castro, el gallo era
su despertador. Contaba con él para
levantarse a tiempo. Y además era su
amigo. Quique le daba maíz todos los días.

Un día, el señor Colón llegó a quejarse.

—Tanto quiquiriquí me tiene loco —dijo—. No me caería mal un buen caldo de gallo. Le doy este despertador y me llevo el gallo conmigo.

Quique contestó: —A mí me gusta ese plan. Sólo déme su canario para que yo pueda hacer un buen caldo de canario.

El señor Colón entendió. El gallo era tan importante para Quique, como el canario para él. Entonces se disculpó.

Desde ese día nadie volvió a quejarse del quiquiriquí. Y lo que es más, a veces, un gallo y un canario cantan juntos sus canciones.

Perro Pablo y Ratón Ramón

por Ivar Da Coll

Una bonita tarde, Perro Pablo fue a visitar a su amigo Ratón Ramón. Llegó a su casa y tocó a la puerta.

—¿Quién es? —Ratón Ramón preguntó.

—Soy yo —Perro Pablo contestó.

Se dieron un abrazo largo y otro bien cortico porque así es el cariño entre un perro grande y un ratón chiquito.

Como estaban tan contentos de volverse
a ver, Ratón Ramón sugirió: —Celebremos
nuestro encuentro tomando té azucarado con
galletas de maní tostado.

Así que mientras Ratón Ramón preparaba
todo en la cocina, Perro Pablo se encargaba
de arreglar la mesa. Puso un mantel de cuadros
con servilletas de flores, cucharitas, dos tazas,
cuchillos y tenedores.

Cuando Ratón Ramón iba a servir el té, se detuvo y dijo: —¡Ay, no puede ser! Una taza es muy grande y otra muy pequeña. Entonces... ¿qué vamos a hacer?

Y como a los dos les gustaba tomar mucho té, Perro Pablo sugirió: —Pensemos durante un rato, que ya se nos ocurrirá algo.

Cuando Perro Pablo pensaba, una pata balanceaba. Muy preocupado Ratón Ramón pensaba en otra solución.

—¡Ya sé! —dijo Ratón Ramón—. Mientras decidimos qué hacer con el té, pongamos el azúcar en las tazas.

Asomaron las narices a la azucarera, pero sólo había tres cubitos. Y como a los dos les gustaba el té muy azucarado, Ratón Ramón dijo: —¡Ay, no puede ser! Entonces... ¿qué vamos a hacer?

—Pensemos otro rato —sugirió Perro Pablo.
Cuando Perro Pablo pensaba, una pata
balanceaba. Muy preocupado Ratón Ramón
pensaba en otra solución.

—¡Ya sé! —gritó Perro Pablo—. Vamos
a comer las galletas mientras encontramos el
modo de repartir el té y los cubitos de azúcar.

Asomaron las narices a la caja de galletas y, ¿qué vieron? Una galleta muy grande y otra muy pequeña.

Y como a los dos les gustaba mucho comer galletas, Ratón Ramón dijo: —¡Ay, no puede ser! Entonces... ¿qué vamos a hacer?

—Pensemos un poquito más —sugirió Perro Pablo.

Y se sentaron a pensar.

Cuando Perro Pablo pensaba, una pata balanceaba. Muy preocupado Ratón Ramón pensaba en otra solución.

Pero Perro Pablo balanceó tanto la pata que la silla en la que estaba sentado se rompió. Así fue como de pronto se cayó.

—¿Qué te pasó? —preguntó Ratón Ramón—. ¿Estás bien?

Menos mal que Perro Pablo estaba bien.

—¿A que no adivinas lo que aquí encontré?
—le gritó debajo de la mesa cubierta con el
mantel.

—No, no sé, ¿qué es? —preguntó Ratón
Ramón.

—Una taza, una taza grande —Perro Pablo
le contestó.

—¡Ay, no puede ser! —dijo Ratón Ramón—.
Entonces... ¿qué vamos a hacer?

A Perro Pablo se le ocurrió una solución
y otra se le ocurrió también a Ratón Ramón.

—Como sólo hay tres cubitos de azúcar,
lo mejor será echarlos dentro de la tetera
—sugirió Perro Pablo—, así tendremos té
azucarado para los dos.

—Muy bien —dijo contento Ratón Ramón.

Mezclaron el azúcar dentro de la tetera.

—Y como una silla se rompió, lo mejor será que nos sentemos en ésta los dos —sugirió Ratón Ramón.

Así fue como Perro Pablo se sentó y allí mismo se sentó Ratón Ramón.

Y a los dos al mismo tiempo se les ocurrió partir en trozos las galletas con el cuchillo. Compartieron su merienda tomando sorbos de té y comiendo trozos de galleta.

Cuando terminaron de comer Perro Pablo se levantó, se puso su sombrero y se despidió de Ratón Ramón.

Se dieron un abrazo largo y otro bien cortico porque así es el cariño entre un perro grande y un ratón chiquito.

Pero afuera estaba oscuro, oscuro y además llovía.

—¡Ay, no puede ser! —dijo de nuevo Ratón Ramón—. Entonces... ¿qué vamos a hacer?

—Esperemos un rato —sugirió Perro Pablo—, que seguro dejará de llover.

Pero pasó un rato muy largo y no dejaba de llover. Entonces a Ratón Ramón algo muy bueno se le ocurrió: —Quédate otro rato aquí conmigo, pues posiblemente dejará de llover más tarde.

—Está bien —aceptó Perro Pablo.

Entonces fueron a la sala.

Jugaron a las adivinanzas. Jugaron con las palmas de la mano. Leyeron muchas historias: unas largas, otras cortas.

De pronto paró de llover. Perro Pablo podía
partir.

Entonces se puso nuevamente su sombrero y
se despidió de Ratón Ramón con un abrazo largo
y otro bien cortico.

Así es el cariño entre un perro grande y un
ratón chiquito.

Conozcamos al autor e ilustrador

A **Ivar Da Coll** siempre le han
encantado los cuentos de animales.
De pequeño, en Colombia, dibujaba los
animales de los cuentos que escuchaba.
A los doce años entró a trabajar a una
compañía de títeres como titiritero. Allí
creaba personajes. Un día decidió escribir
sus propios cuentos. Hoy es feliz porque
los niños se divierten con sus personajes.

Hablemos

Perro Pablo y Ratón Ramón tienen varios problemas. ¿Cuáles son? ¿Te gustó cómo los resolvieron? ¿Por qué?

Piénsalo

1. Perro Pablo encuentra una taza grande. Si no la hubiera encontrado, ¿qué podrían haber hecho para compartir el té?

2. ¿Por qué quieren compartir todo Perro Pablo y Ratón Ramón?

3. Perro Pablo y Ratón Ramón son buenos amigos. ¿Qué partes del cuento te lo muestran?

Buenos amigos

Escribe una lista de las actividades que los amigos podrían hacer juntos. Haz un dibujo de una de las cosas que escribiste.

La semilla de Gisela

por Diana Torello
ilustrado por Ana Ochoa

Gisela vive en un pueblo de México.
Un día, Gisela salió a jugar. Mientras
caminaba por la acera, vio una
semilla en el suelo y la recogió.

"¡Qué semilla tan curiosa!", pensó.

"¿Será de jalapeño? ¿De jitomate?

¿De manzana? ¿De melón? La voy

a sembrar en el parque".

Entonces Gisela sembró la semilla

y se fue a jugar.

Gisela se encontró con la bombera.

—¿Qué hago para que mi semilla crezca? —le preguntó Gisela a la bombera.

—Debes regarla. Yo te ayudo —dijo la bombera.

Gisela y la bombera regaron la tierra y se fueron.

Pocos días después, Gisela se
encontró con el cartero.

—¿Qué hago para que mi semilla
crezca? —le preguntó Gisela al
cartero.

—Debes abonarla. Yo te ayudo
—dijo el cartero.

Gisela y el cartero abonaron la
tierra y se fueron.

Una semana después, Gisela se
encontró con la bombera y el cartero.

—Espero que crezca pronto —dijo
Gisela.

—Tienes que esperar —dijo la
bombera.

Otra gente del pueblo pasó por
el jardín.

—¡Queremos ayudar! —dijeron.

Todo el mundo ayudó. Así que regaron y abonaron la planta. Un día creció un hermoso girasol.

—¡Genial! —dijo Gisela.

En los jardines de la ciudad

por George Ancona

Las flores, los vegetales y las frutas están creciendo por toda nuestra ciudad.

Todo comienza cuando los vecinos decidimos
sembrar un jardín para el vecindario. A veces
limpiamos un terreno vacío, y otras veces
limpiamos un campo o un patio de recreo.
Primero quitamos la basura, removemos
la tierra y sacamos las piedras.

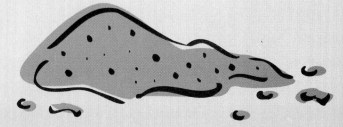

Luego añadimos abundante abono natural a la tierra. El abono hace que las plantas y semillas crezcan saludables.

Después sembramos las semillas en filas, las que algún día se convertirán en flores y vegetales.

Alrededor de las cercas de los jardines
y de los patios de recreo, cavamos hoyos
y sembramos arbustos y árboles. Ellos serán
los árboles altos y frondosos que nos darán
sombra en los días calurosos de verano.

Cada día regamos el jardín. Así las plantas
tendrán mucha agua para alimentarse.

Y cada día las plantas crecen un poquito
más altas.

Las malas hierbas también crecen en los jardines alrededor de nuestras plantas y flores.

Usamos azadones y palas para quitar las malas hierbas que se toman el agua y usan la energía que nuestras plantas necesitan para crecer.

Ponemos las malas hierbas junto con las ramitas, la hierba cortada, la paja, el estiércol y los residuos de vegetales y frutas en un recipiente para hacer abono.

Así se forma un hogar perfecto para los gusanos activos que convierten toda esta materia orgánica en abono natural. El abono retiene el agua y le da a las plantas los alimentos que necesitan para crecer.

Cómo hacer abono

hierba cortada

residuos de comida

hojas y ramitas

hierba cortada

residuos de comida

hojas y ramitas

Mientras el tráfico de la ciudad pasa rápidamente, las plantas del jardín crecen, extienden sus hojas y florecen. Entre las hojas encontramos frijoles, tomates, calabazas, guisantes, maíz, verduras y muchos otros vegetales. Las ramas de los árboles se doblan por el peso de las manzanas, los duraznos y las peras.

Es hora de la cosecha. Hora de recolectar los vegetales, las flores y las frutas que sembramos en la primavera.

Y por supuesto, la mejor parte es cuando saboreamos y comemos toda la buena comida que hemos cosechado.

Conozcamos al autor y fotógrafo

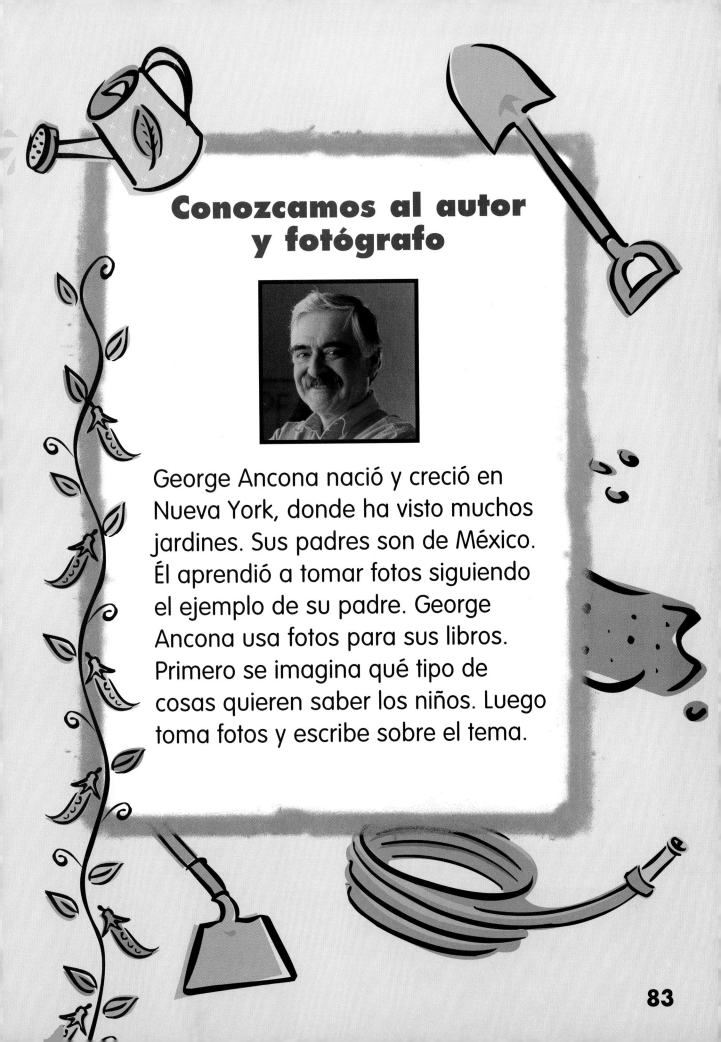

George Ancona nació y creció en Nueva York, donde ha visto muchos jardines. Sus padres son de México. Él aprendió a tomar fotos siguiendo el ejemplo de su padre. George Ancona usa fotos para sus libros. Primero se imagina qué tipo de cosas quieren saber los niños. Luego toma fotos y escribe sobre el tema.

Acertijo

por Gloria Fuertes

Acertijo, acertijo
tiene agua y no es botijo.
Va sin gorro
y con pitorro.

Acertijo, acertijo,
tiene agua y no es botijo.
Tiene goma
y no es pelota
(por billón cuento sus gotas).

Vive en la ciudad,
vive en el jardín,
y cuando se enrosca
parece un reptil.

Vale más de lo que vale,
cuando llueve nunca sale.
Hace crecer a las plantas
y nadie le canta.

¿Qué era?
¡¡¡La manguera!!!

Hablemos

Leíste cómo sembraron jardines en una ciudad. ¿Te gustaría sembrar un jardín? ¿Por qué?

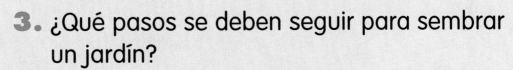

Piénsalo

1. ¿Por qué crees que los vecinos siembran jardines en la ciudad?

2. ¿Qué diferencias crees que hay entre los jardines de la ciudad y los jardines del campo?

3. ¿Qué pasos se deben seguir para sembrar un jardín?

El jardín de la clase

Siembren un jardín de frijoles en la clase.

1. Corta la parte de arriba de un cartoncito de leche. Ponle tierra adentro.

2. Siembra dos o tres frijoles en el cartoncito.

3. Riega los frijoles y ponlos junto a una ventana donde les dé sol.

4. Observa cómo crece el jardín.

leche

La fiesta de Guille Guerrero

por Arcadia López
ilustrado por Maribel Suárez

Hoy es la fiesta de Guille Guerrero.

La mamá prepara un guiso de pollo

y un pastel.

¡Qué rico!

Comienza la fiesta de Guille Guerrero.

Llegan los amigos con regalos

y juguetes.

¡Cómo gozan!

Sigue la fiesta de Guille Guerrero.

Llega papá y saca su guitarra. Comienza a tocarla de un modo muy suyo.

¡Qué bueno!

Continúa la fiesta de Guille Guerrero.

Los amigos se acercan para escuchar

y cantar al ritmo de la guitarra.

¡Qué alegre!

Aún hay más en la fiesta de Guille
Guerrero.

Todos juegan a las carreras.

¿Quién va a ganar?

Hoy fue la fiesta de Guille Guerrero.

Los amigos se van muy gustosos a

sus casas.

¡Que día!

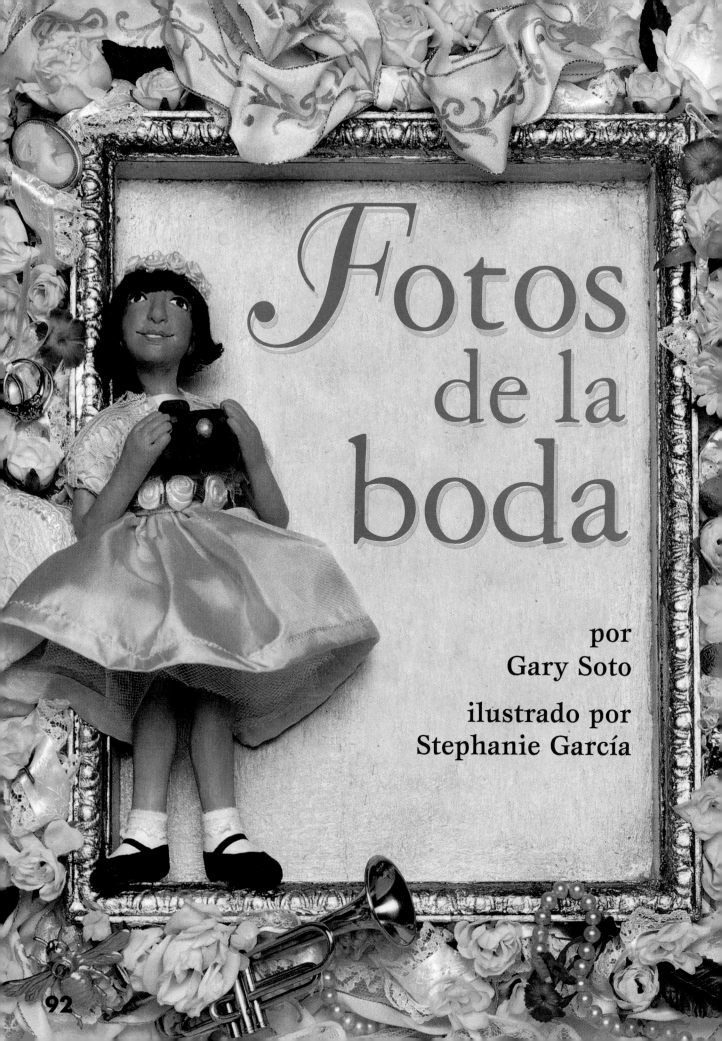

Fotos de la boda

por
Gary Soto

ilustrado por
Stephanie García

Ésta soy yo, Maya,
la niña de la canasta con flores,
que lleva flores en el pelo.
Trato de no reírme
al ver a mi primo Isaac, el muy payaso,
en la banca de la iglesia.
Está sacando la lengua entre los dientes,
blancos como Chiclets.

Este niño es Danny,
y lleva el cojín con los anillos.
Si mirara hacia abajo, vería que tiene
el zapato izquierdo desatado.
Si mirara hacia arriba,
vería a su madre sacándole una foto;
un jovencito bien peinado.

Aquí están las damas, que son altísimas,
y los acompañantes del novio,
derechos como soldados.
Aquí está el Padre Jaime,
y un monaguillo que bosteza,
y a quien se le ve un tenis sucio bajo la sotana.

Aquí viene la novia, la bella Isabel,
con las manos suaves como palomas.
Camina despacito hasta el altar,
con la música de la marcha nupcial.
Las velas tienen llamas
en forma de corazón,
y brillan casi tanto como sus ojos.

Aquí está Rafael,
un muchacho muy simpático,
pero el pobrecito lleva un brazo enyesado.
(Jugando al béisbol el fin de semana,
logró anotar una carrera,
pero se quebró la muñeca.)

Pero así se ve más valiente y guapo.
Mira, ¿ves cómo llora la tía Marta?
¿Ves cómo le pica el traje nuevo al tío Juan?

Isabel y Rafael se dan el "sí",
y se dan un beso tan largo
que no quiero mirarlos.
(No se ve, pero recuerdo
que alguien dio un estornudo muy fuerte
y alguien más pateó una de la bancas.)

Y luego, las luces de las cámaras,
unas madres que lloran,
y un bebé que llora
hace que dos bebés más empiecen a llorar,
lo cual hace que Isabel empiece a llorar.
Ella está tan feliz...

Aquí está la lluvia de arroz.
Éste es Danny que llora
porque le cayó arroz en los ojos.

Y mírame a mí,
con la boca abierta,
atrapando arroz con la lengua.

Éste es el estacionamiento.
El tío Trino siempre anda ayudando a todos.
Aquí trata de arrancar un carro,
con cuidado de no mancharse
el traje de aceite.

Si te fijas bien,
verás la limosina que se marcha
y la fila de carros que la siguen.
Las flores que tenía pegadas al capó
vuelan en el aire.

En la recepción
hay bebidas enfriándose en un barril
y refrescos en la mesa,
papitas y aceitunas en un tazón.

Mírame, qué tonta...
Me pongo unas aceitunas negras
en los dedos.
Luego los muevo y después me las como.

Éste es el pastel de bodas,
la séptima maravilla del mundo,
de la panadería Blanco.
Tiene más escarcha que una montaña nevada,
más rosas que el patio de mi abuela
y más remolinos que cien vueltas
en el carrusel.

Mira, en ésta ya llegaron los mariachis.
Los violinistas ven el brazo enyesado
de Rafael, y se asustan.
Y es que, ¿alguna vez has visto a un violinista
con el brazo quebrado?

Primero hay un brindis por los novios,
y después, unas palabras:
Isabel, la primera en graduarse de la universidad,
Rafael, el primero en anotar un jonrón
con los ojos cerrados.
(Aunque creo que fue una broma.)

Luego, todos aplauden,
y algunos abrazan a la novia
como cien veces, me parece.
Luego, en la fila esperamos
nuestro pollo con mole,
arroz y frijoles,
y también algo de beber.

Me mancho el vestido con mole
y también me mancho los calcetines blancos.
¡Son tan ricas las tortillas con mole!

Y entonces comienzan los mariachis,
con sus trompetas escandalosas,
con el guitarrón marcando el ritmo,
con los violines que chillan como ratones,
y con la guitarra que canta
como un pajarito en la mano.

Los recién casados bailan,
luego los padres y algunos abuelos,
y luego la novia baila por dinero.
El tío Julio le cuelga del vestido
un billete de veinte. Después veo
a mi papá ponerle un cheque
en la mano a la novia.

Mientras bailan los mayores,
nosotros nos deslizamos
sin zapatos por el pasillo.
Jugamos al escondite
y nos escupimos agua.

También armamos una batalla
con globos,
y después subimos por las escaleras
a toda velocidad,
hasta un letrero rojo
que dice SAL DA.

Luego es cuando comienza el baile;
los mariachis se ponen rojos,
y —de veras— puedo ver una lengua gorda
que sale por la trompeta,
y un ratón que salta de uno de los violines,
y un pájaro que vuela desde la guitarra.
O quizás me estoy quedando dormida.

Pero me despierto cuando cortan el pastel.
Los novios comparten un pedazo.
Me pongo en fila con mi plato,
y cuando me dan mi pedazo,
me toca una rosa y un lacito verde.

Después, Isabel lanza el ramo,
y con un salto de tres pies lo atrapa
en el aire la muchacha más alta,
mi prima Virginia,
que juega al básquetbol en la universidad.

Luego se van los mariachis,
y llega una banda que se llama Los Teardrops.
Todos bailan con
las viejas canciones de siempre.
Y yo bailo subida en los pies de mi papá.

Y aquí estoy yo,
dormida en el carro.
Si te fijas bien,
llevo mole en la barbilla,
sabor que me despertó la mañana siguiente.

Fue una boda inolvidable.

Conozcamos al autor

Gary Soto

Gary Soto nació en Fresno, California. Muchos de sus cuentos reflejan la vida de personajes de origen mexicano en Estados Unidos. Gary Soto es poeta, profesor de literatura, escritor de libros y productor de películas para niños.

Conozcamos a la ilustradora

Stephanie García

Stephanie García recordó cuando fue la niña de las flores en una boda para hacer las ilustraciones de "Fotos de la boda". Le gusta crear arte combinando la escultura, la pintura y la fotografía. Sus libros preferidos son los cuentos de hadas.

121

Lo que tengo

Tradicional

Dos ojitos tengo que saben mirar
y una naricita para respirar,
una boquita que sabe cantar
y dos manecitas que aplaudirán.
Dos orejitas que saben oír
y dos piecitos que bailan así.

Hablemos

¿Qué te gustó de la boda? ¿Cuál fue tu parte favorita?

Piénsalo

1. Maya dice que el pastel de bodas tiene "más escarcha que una montaña de nieve". ¿Crees que eso puede ser cierto? ¿Por qué crees que lo dice Maya?

2. ¿Por qué se asustan los mariachis cuando ven el brazo enyesado de Rafael?

3. ¿Crees que Maya se divierte en la boda? ¿Cómo lo sabes?

Haz una escena de plastilina

Trabaja con tres o cuatro compañeros y compañeras. Escojan una escena del cuento. Alguien del grupo lee la escena en voz alta. Después deberán imaginársela y representarla con plastilina.

Rina y tío Rolo van al río

por Maia Sherwood

ilustrado por Debbie Tilley

Rina y tío Rolo van de paseo al río.

Vamos con ellos a ver y a aprender.

Todo comienza con un poquito de agua.

La lluvia y la nieve derretida se unen.

—¡Forman un arroyo! —dice Rina.

El arroyo se une a los riachuelos
y así crece.

—¡Forman un río! —dice tío Rolo.

A veces el agua del río cae desde una
gran altura.

—¡Forma una cascada! —dice Rina.

El río nunca deja de correr.

Sigue por la tierra hacia su fin.

¿Sabes cuál es?

—¡Mira, el mar! —dice tío Rolo.

¿Qué vemos en el mar?

—¡Es tía Rita! —dice Rina.

Rina está contenta y tío Rolo también.

—¡Todos a bordo! —exclama tía Rita.

La sorpresa

por Arnold Lobel

Era octubre.

Las hojas habían caído

de los árboles.

Se esparcían por el suelo.

—Iré a casa de Sepo

—dijo Sapo—. Barreré

todas las hojas que han

caído sobre su césped.

Sepo se llevará una sorpresa.

Sapo sacó un rastrillo
del cobertizo del jardín.

Sepo se asomó a la ventana.

—Este revoltijo de hojas
lo ha cubierto todo —dijo Sepo—.
Cogeré un rastrillo del trastero.
Correré a casa de Sapo.
Barreré todas sus hojas.
Sapo se pondrá muy contento.

Sapo fue corriendo por el bosque
para que Sepo no le viera.

Sepo fue corriendo tras las hierbas
altas para que Sapo no le viera.

Sapo llegó a la casa de Sepo.

Miró por la ventana.

—Bien —dijo Sapo—.

Sepo está fuera.

Nunca sabrá

quién barrió sus hojas.

Sepo llegó a la casa de Sapo.

Miró por la ventana.

—Bien —dijo Sepo—.

Sapo no está en casa.

Nunca adivinará

quién barrió sus hojas.

Sapo trabajó duro.

Barrió las hojas haciendo
un montón.

En poco tiempo el césped de Sepo
quedó limpio.

Sapo recogió su rastrillo
y se fue a casa.

Sepo le dio al rastrillo de acá para allá.

Barrió las hojas haciendo
un montón.

En poco tiempo no quedaba ni una
sola hoja en el jardín de Sapo.

Sepo recogió su rastrillo
y se fue a casa.

Se levantó viento.

Sopló removiéndolo todo.

El montón de hojas

que Sapo había barrido para Sepo

voló por todas partes.

El montón de hojas

que Sepo había barrido para Sapo

voló por todas partes.

Cuando Sapo llegó a casa,
dijo: —Mañana limpiaré
las hojas que cubren
todo mi césped.
¡Qué sorpresa se habrá
llevado Sepo!

Cuando Sepo llegó a casa,
dijo: —Mañana me pondré
a trabajar y barreré
todas mis hojas.
¡Qué sorpresa se habrá llevado Sapo!

Esa noche se sintieron
Sapo y Sepo los dos felices
cuando cada uno
apagó la luz
y se fue a dormir.

Conozcamos al autor
Arnold Lobel

Arnold Lobel ha escrito e ilustrado casi cien libros. "Uno de los secretos para poder escribir bien un libro es que hay que escribir el libro para uno mismo", dijo una vez el señor Lobel.

Al señor Lobel se le ocurrió la idea para los personajes Sapo y Sepo al observar a sus hijos cazar ranas y sapos. "Me encantaban esos animalitos", dijo el señor Lobel.

Reacción del lector

Hablemos

¿Te sorprendió el final del cuento? ¿Por qué sí, por qué no?

Piénsalo

1. ¿Son buenos amigos Sapo y Sepo? ¿Cómo lo sabes?

2. ¿Qué crees que habría ocurrido si no hubiera hecho viento ese día?

3. ¿Por qué están contentos Sapo y Sepo al final del cuento?

Escribe una nota de agradecimiento

Piensa en algo bonito que alguien haya hecho por ti. Escríbele una nota de agradecimiento.

Cuanto más se estudia,
tanto más se sabe.

¡Mirar a fondo!

¿Qué se aprende al mirar el mundo que nos rodea?

Lorenzo, el patito feo

basado en el cuento de Hans Christian Andersen
narrado por Sharon Fear · ilustrado por Cheryl Kirk Noll

La mamá pata miró su nido. Vio que
cuatro bellos patitos habían nacido.
Entonces nació el quinto. La mamá lo
llamó Lorenzo.

La mamá pata dijo: —Cuatro de mis patitos son bellos, pero Lorenzo no.

—Qué feo color tiene Lorenzo —dijo la gallina.

—Qué feas patas tiene Lorenzo —dijo el ganso.

—Lorenzo es un patito feo —dijo el perro.

"Debo ser más feo que un zapato sucio", pensó Lorenzo. "No puedo quedarme aquí. Tengo que hacer algo. Debo hallar otro lugar donde vivir".

Al anochecer, Lorenzo se marchó.
No le gustaba tanto nadar solo. Estaba
muy triste.

El tiempo pasó.

Un día, Lorenzo oyó un zumbido. Vio tres bellos cisnes y nadó cerca de ellos.

—Miren —dijo la gallina.

—¡Qué belleza! —dijo el ganso.

—Son bellos los cuatro cisnes —dijo el perro.

"¿Los cuatro?", pensó Lorenzo.

Miró su reflejo en el agua azul.

¡Cuando vio que él era uno de los
cuatro bellos cisnes, se llevó una gran
sorpresa!

EL PATO

por Angela Royston
fotografías de Barrie Watts

En el nido

Mi mamá ha puesto unos huevos en este nido. Se sienta en ellos para calentarlos.

Dentro de cada huevo hay un patito que está creciendo. Éste soy yo. Estoy empezando a salir del cascarón.

Al salir del cascarón

Ya he roto el cascarón,
y ahora empujo para salir.

Al fin he salido del cascarón.

Puedo ver, oír, pararme y caminar.
También sé piar. ¿Dónde está
mi mamá?

A nadar

Tengo dos días de nacido.
Me voy al estanque
a nadar por primera vez.

Tan pronto
como me meto
en el agua,
empiezo a nadar.

Nado en el agua
con mis patas palmeadas.

A comer

Ya tengo una semana de nacido
y estoy creciendo. Me gusta
explorarlo todo.

Este tazón tiene barro húmedo.
Busco con el pico algo
que comer.

¡Mira! Me he metido
en el tazón.

En el agua

Tengo dos semanas
de nacido, y me
encanta nadar.
Busco algo que
comer en la
superficie del agua.

Me sacudo el agua.

Plumas nuevas

Tengo tres semanas de nacido. Se me están cayendo las plumas amarillas, y me están saliendo plumas blancas.

No me alejo de los otros patitos. Nuestra mamá nos protege del peligro.

A veces nos acurrucamos juntos. Las plumas nos calientan.

Casi adulto

Tengo seis semanas de nacido y ya casi soy adulto.

Tengo todas las plumas
blancas, y mis alas
son grandes
y fuertes.

Mira cuánto he crecido.
Este tazón es pequeño,
pero parecía grande
la primera vez que
me metí en él.

Mira cuánto crecí

En el huevo

Después de una hora
de nacido

A los dos días   A los siete días   A las dos semanas

A las tres semanas   A las seis semanas

Conozcamos a la autora
Angela Royston

Angela Royston ha escrito muchos
cuentos sobre animales. La mayoría
de sus libros son sobre animales de la
granja. Angela Royston aprende mucho
cuando escribe. "Siempre me intereso
por los temas de mis libros", dice.

Conozcamos al fotógrafo
Barrie Watts

Barrie Watts pasa temporadas en Gran
Bretaña. Las fotografías que toma a
menudo son de animales y
plantas. Aparecen en muchos
libros y revistas. Los temas
de sus libros son a veces tan
pequeños como una mosca
o una abeja, y a veces tan
grandes como el árbol
llamado secuoya.

Hablemos

¿Qué semana de la vida del pato te pareció más interesante? Explica.

Piénsalo

1. ¿Cómo cambia un pato al crecer?

2. ¿Qué tienen que aprender a hacer los patos?

3. Compara al pato a las dos semanas de nacido y a las seis semanas de nacido.
   ¿Qué ha cambiado?
   ¿Qué no ha cambiado?

Haz un álbum de fotos

Imagina que compraste un patito y estás llevando una tabla de su crecimiento. En tu tabla muestra tres etapas de la vida de tu patito.

¿Crees lo que ves?

por Pat Cummings
ilustrado por Chris Powers

La señora Rosas esperó a que la clase
guardara silencio.

—Gracias, Tomás —dijo la maestra—.
Tu trabajo estuvo muy bien. Ahora, ¿podrías
llevar tu colección de ranas al patio? Allí
estarán mejor.

—Ahora mismo —dijo Tomás—. Pero antes les pondré unos insectos en un vaso. Les encantan los insectos vivos. Abren la boca y los atrapan con la lengua.

La señora Rosas sonrió y dijo: —Bien. ¿Quién es el siguiente?

Esperanza buscó sus materiales y los llevó cuidadosamente al frente de la clase. Todos trataron de ver qué cosa tenía escondida. Esperanza puso tres fotos en el pizarrón y una bolsa en el suelo.

—Traten de adivinar qué es cada foto
—dijo Esperanza a los otros estudiantes—.
No es tan fácil saber lo que son.

—La primera foto está muy fácil —dijo Estela—. Es tierra seca.

—La segunda es muy sencilla —dijo Óscar—. Son cubitos de cristal.

Tomás levantó la mano y dijo:

—¡La tercera es una gran bola de algodón!

Esperanza sacó de la bolsa un telescopio y una lupa.

Esperanza puso la lupa sobre su brazo
y dijo: —Ésta es la primera foto.

—¡Oh! —dijo Óscar—. Es la piel.

Después Esperanza puso un poco
de azúcar bajo un microscopio.

—¡Ah! —dijo Carlos—. Los cubitos
de cristal son granos de azúcar.

—Veamos ahora la tercera foto
—dijo Esperanza, y dirigió el
telescopio hacia una nube.

—Dime, Tomás, ¿qué miras?
—preguntó Esperanza.

—¡Oh, no! —dijo Tomás—. ¡Veo
a todas mis ranas saltando en la
hierba del patio!

177

La vista

por Joanna Cole
ilustrado por Neesa Becker

¿Crees que el ojo tiene forma de globo? ¡Sí!
La mayor parte del ojo está escondida dentro del cráneo.

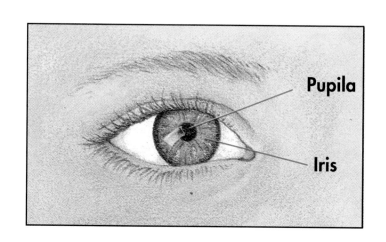

Así es el ojo por dentro. Cada ojo tiene una abertura por donde entra la luz.
Esa abertura se llama la pupila.

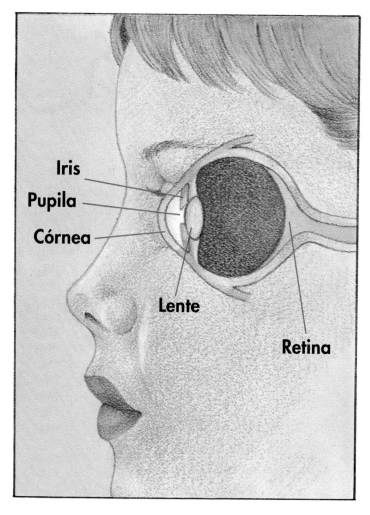

Baja las luces. Observa tus ojos en un espejo. ¿Están grandes tus pupilas? Ahora enciende una luz más brillante. ¿Ves cómo las pupilas se hacen más pequeñas? Las pupilas se agrandan o se encogen para dejar pasar sólo la cantidad de luz necesaria.

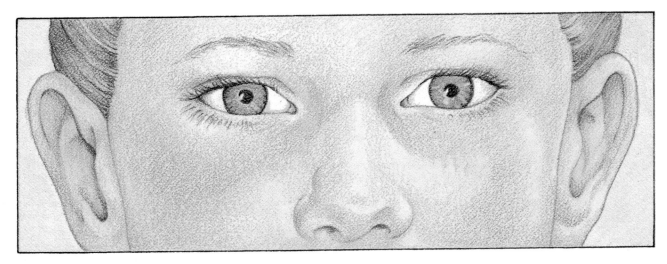

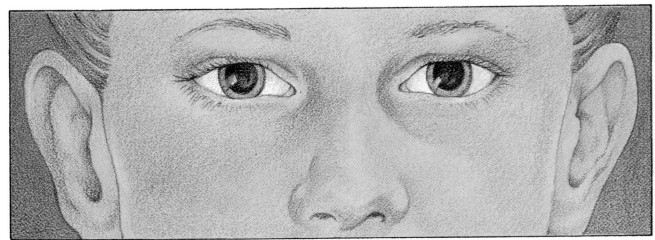

Los ojos sirven para ver.

¿Cómo funcionan?

Mira un sombrero.

La luz rebota contra el sombrero y entra al ojo.

La luz llega a la parte de atrás del ojo.

Allí se forma una imagen del sombrero.

Los nervios actúan como cables. Llevan
los mensajes de la imagen desde la parte
de atrás del ojo hacia lugares especiales
del cerebro. Para ver necesitas los ojos
y el cerebro.

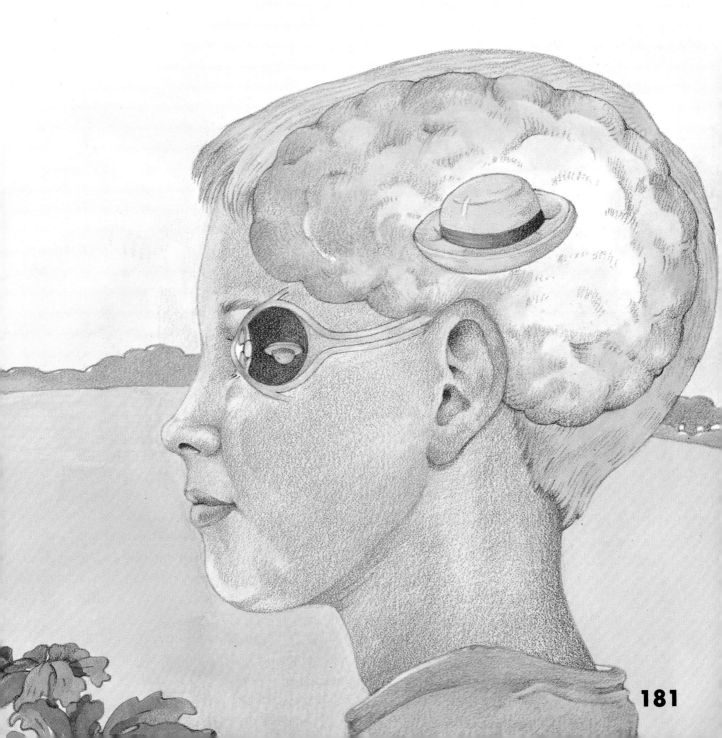

A veces tus ojos ven cosas
que no tienen sentido.
Entonces el cerebro trata
de comprenderlas.

Ves a un amigo que se acerca por la calle. Mientras aún está lejos, estira el brazo hacia delante y levanta el pulgar. Según tus ojos, ¡tu amigo es más pequeño que un dedo pulgar! Pero al cerebro no se le engaña. Tu amigo se ve tan pequeño porque está lejos, pero tú sabes que no es así de pequeño.

A veces *sí* engañamos al cerebro.

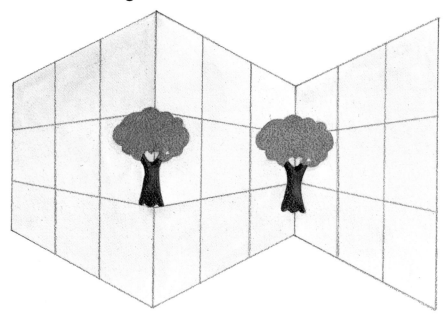

Inténtalo

Mira el dibujo. ¿Qué árbol es más grande?

¿El de la derecha?

¡No! Son del mismo tamaño.

Mídelos y lo verás.

¿Por qué parece más grande uno de ellos?

Porque el ilustrador lo dibujó con unas

líneas que lo hacen verse más lejos.

El cerebro actúa igual que cuando viste a tu

amigo en la calle, y te dice que el árbol de la

derecha es más grande de lo que es en realidad.

A veces se ven dos imágenes en un solo dibujo.

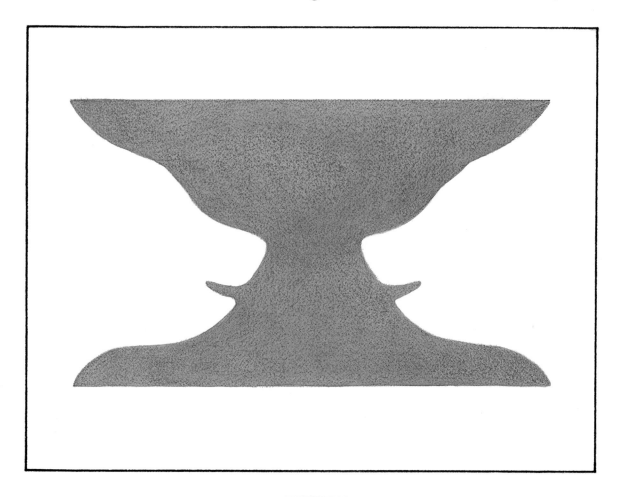

Inténtalo

¿Qué ves en este dibujo? ¿Un florero verde
o dos perros blancos mirándose?
Ves una imagen, y luego la otra, pero
tu cerebro no puede ver ambas imágenes
a la vez.

Conozcamos a la autora
Joanna Cole

Joanna Cole comenzó a escribir cuentos cuando era niña. También le gustaba hacer dibujos para sus cuentos.

Lo que más le gustó siempre a Joanna Cole fueron las ciencias. Hoy en día es famosa por sus libros de ciencias. De hecho, es la autora de la colección de libros del Autobús Mágico.

Reacción del lector

Hablemos

¿Te han engañado alguna vez los ojos? Di lo que pasó.

Piénsalo

1. ¿Cómo te puede engañar el cerebro?

2. Busca dónde tienes el iris y la pupila. ¿Para qué sirven?

3. ¿Qué pasaría si las pupilas no cambiaran de tamaño?

Examen de la vista

Si tuvieras que explicarles a tus amigos cómo funcionan los ojos, ¿qué les dirías? Escribe un plan y muéstraselo a un amigo o amiga.

Los animales van a comer

por Robert y Estella Menchaca

ilustrado por Rick Brown

En mi cocina hay una ventana. Me siento a ver los animales que pasan afuera, mientras llega la hora de comer.

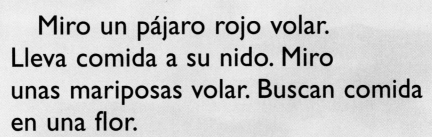

Miro un pájaro rojo volar.
Lleva comida a su nido. Miro
unas mariposas volar. Buscan comida
en una flor.

Eso es lo que puedo ver mientras
llega la hora de comer.

En un árbol hay unas ardillas.
Caminan y se detienen en una rama.
Hay un perro bajo el árbol. Come un
hueso que acaba de encontrar.

Eso es lo que puedo ver mientras
llega la hora de comer.

En el jardín están dos conejos.
Comen unas zanahorias. Miro dos
orugas. Comen una manzana.
Eso es lo que puedo ver mientras
llega la hora de comer.

Mis gatos maúllan porque tienen
hambre. Les doy leche. Mis peces nadan en
la pecera. Les doy un poquito de comida.
Eso es lo que puedo ver mientras
llega la hora de comer.

Oigo a mamá y papá entrar en la
cocina. Ella está bebiendo una taza de té.
Él trae para los tres.

¡Ahora sí, a comer!

La más hermosa

por Yanitzia Canetti
ilustrado por Francisco Mora

PERSONAJES:

Narrador

Quetzal

Papagayo

Oruga

Guajolote

Gorrión

Tecolote

AMBIENTE: Plaza o zócalo yucateco decorado para una fiesta

MOMENTO: Por la tarde, durante las fiestas de Tizimín, en la península de Yucatán, México

NARRADOR: Quetzal y Papagayo van conversando por el zócalo del pueblo.

QUETZAL: ¡Qué contento estoy, Papagayo! ¡Me encantan las fiestas!

PAPAGAYO: Sí, Quetzal, es una celebración muy divertida.

QUETZAL: Mira qué lindo es mi traje de colores. Le he sacado brillo a mis plumas rojas. Seré el ave más apuesta y distinguida de la fiesta.

PAPAGAYO: Pues, te equivocas. El más bello seré yo. Mi traje de plumas es el más vistoso del mundo, con plumas verdes, rojas y amarillas.

QUETZAL: *(En voz baja.)* Habla más bajo. Ahí viene la oruga. Pobrecilla, siempre está trabajando.

PAPAGAYO: ¡Y qué aspecto tan raro tiene!

QUETZAL: *(Susurrando.)* Es el animal más descolorido que he visto.

PAPAGAYO: Con razón le dicen "La más descolorida".

QUETZAL: Hola, Oruga, ¿de dónde vienes?

ORUGA: Vengo de la cocina. Estaba preparando pozol para que todos beban algo rico esta tarde.

PAPAGAYO: *(Burlándose.)* ¿Y ya tienes el traje que usarás para el baile?

ORUGA: Con tanto trabajo, apenas he tenido tiempo de pensar en eso.

QUETZAL: Será mejor que te quedes en casa lavando ese delantal tan sucio. Además estás muy descolorida. *(Ríe.)*

PAPAGAYO: Y ni siquiera sabes volar. *(Quetzal
y Papagayo se alejan entre risas.)*

NARRADOR: La oruga va a ver al guajolote sabio del pueblo, que está sentado en el parque.

ORUGA: Por favor, Guajolote sabio, necesito su ayuda.

GUAJOLOTE: Dime, Oruguita. ¿En qué puedo servirte?

ORUGA: *(Llorando.)* Ay, señor Guajolote, quiero ir a la fiesta, pero estoy sucia y descolorida.

GUAJOLOTE: ¿Y por qué está sucio tu delantal?

ORUGA: Es que me he pasado toda la semana trabajando. Ahora ando toda sucia. Y en el pueblo me dicen "La más descolorida".

GUAJOLOTE: No te pongas triste, Oruguita. Eres muy bonita y el trabajo te hace más bonita aun.

ORUGA: Pero... *(Mirándose el delantal sucio.)*

GUAJOLOTE: Eres una oruga encantadora.
Esta misma tarde serás la más bella de
todo Yucatán. *(Dándole un mantón.)* Es
el viejo mantón de mi abuela. Póntelo
para ir al baile.

ORUGA: *(Emocionada.)* Gracias, Guajolote
sabio. Voy a bailar y cantar toda la tarde.
(Sale del escenario.)

NARRADOR: Comienza la música. Todos salen y
van al zócalo. El gorrión empieza a cantar.

GORRIÓN: Vengan todos a la fiesta
que la danza va a empezar
entre sones y jaranas
vamos todos a bailar.

NARRADOR: Todos comienzan a bailar. Algunos comen relleno negro, un platillo tradicional maya, y toman una taza de pozol, una bebida hecha de maíz. El tecolote trae un pequeño árbol y recita.

TECOLOTE: Vamos a sembrar
una ceiba con mucho amor
para que todos giremos
cantando a su alrededor.

QUETZAL: *(Bailando y recitando.)*
Yo soy el bello Quetzal,
y vengo cantando un son:
Soy el ave más hermosa
de toda esta región.

PAPAGAYO: Y yo soy el Papagayo,
y vengo bailando así.
Mi traje es el más bonito
que se puede ver aquí.

207

ORUGA: *(Envuelta en el mantón.)*
Yo quiero estar en la fiesta
después de mucho trabajar.
De esta linda tradición
también quiero disfrutar.

NARRADOR: De repente la oruga se quita el mantón y muestra sus bellas alas. Se ha convertido en una mariposa.

TODOS: *(A coro.)*
Le decían la más descolorida
antes de ser mariposa.
Y ahora todos en el pueblo
le dicen "La más hermosa".

Conozcamos a la autora

Yanitizia Canetti nació en Cuba. Desde niña le interesaban las artes y los deportes. Estudió pintura, dibujo, teatro, ballet, gimnasia, literatura, idiomas y fotografía. Al escribir toma en cuenta sus conocimientos e intereses.

Conozcamos al ilustrador

Francisco Mora creció en México. Su papá le enseñó a descubrir el arte que hay en la vida diaria. Sus dibujos son inspirados en los colores y los olores de las frutas y animales del mercado local de su niñez.

Hablemos

¿Crees que está bien que el Papagayo y el Quetzal se rían de la Oruga? ¿Por qué?

Piénsalo

1. ¿Qué palabras usarías para describir al Papagayo y al Quetzal?

2. El Guajolote le dice a la Oruga que el trabajo la hace más bonita. ¿Por qué lo dice? ¿Estás de acuerdo?

3. "La más hermosa" es una obra de teatro. ¿En qué se diferencia esta obra del cuento "La sorpresa", del tema anterior?

Representa una escena

Con dos o tres compañeros o compañeras, escoge una escena de la obra. Decidan quién representará a cada personaje. Practiquen la escena y represéntenla.

Serpentina y sus troncos

por Toby Speed

ilustrado por Mary Grand Pré

La víbora Serpentina descansa bajo una pila de troncos. De pronto, huele algo raro. No son ratones. No son ranas. Quita un tronco y mira a su alrededor.

El olor es frío y fresco.

"Debe ser el Aguanieve", piensa la víbora
Serpentina, y se enrosca más.

Todos los animales conocen el Aguanieve.

El Aguanieve es gordote, frío y blanco.
Es tan viejo como los dinosaurios. Ni los
animales ni las personas saben cuándo
llegará el Aguanieve. Tiene muchas
maneras de llegar.

"Pocos animales han visto el Aguanieve",
piensa la víbora Serpentina. "Llega cuando
las víboras estamos dormidas. Ahora más
vale que no me duerma sin querer."

La víbora Serpentina sale de la pila de
troncos. De pronto, siente mucho frío en
la cola. ¡Es el Aguanieve, que le cae encima!
Se la sacude espantada y se esconde entre los
troncos de nuevo.

La víbora Serpentina está muy cansada.
Así que se enrosca entre los troncos que la
protegen. Se olvida del Aguanieve, que cae
suavemente sobre las ramas de los árboles.

Las serpientes

por Patricia Demuth
ilustrado por Judith Moffatt

Hace muchísimo tiempo, antes de que la gente supiera escribir, dibujaba animales en las paredes de las cavernas.

En ese entonces vivían en la Tierra casi un millón de animales distintos. Pero los habitantes de las cavernas sólo dibujaron unos cuantos.

La serpiente fue uno de ellos.

A la gente siempre le han interesado las serpientes. ¿Por qué? Quizás sea por su forma. Las serpientes no tienen brazos ni piernas.

Quizás sea por la forma en que se mueven. Las serpientes se deslizan sobre su barriga.

O quizás sea por su piel. La piel de las serpientes está compuesta por muchas escamas pequeñas. En general, esta piel parece pegajosa, pero no lo es. Es muy seca.

Hay más de 2,400 clases de serpientes en el mundo. Las hay de diferentes tamaños.

La más pequeña de todas es la culebrilla ciega, que tiene el tamaño de un gusano. La más grande de todas es la anaconda. Llega a ser tan larga como un autobús escolar y puede pesar tanto como dos personas adultas.

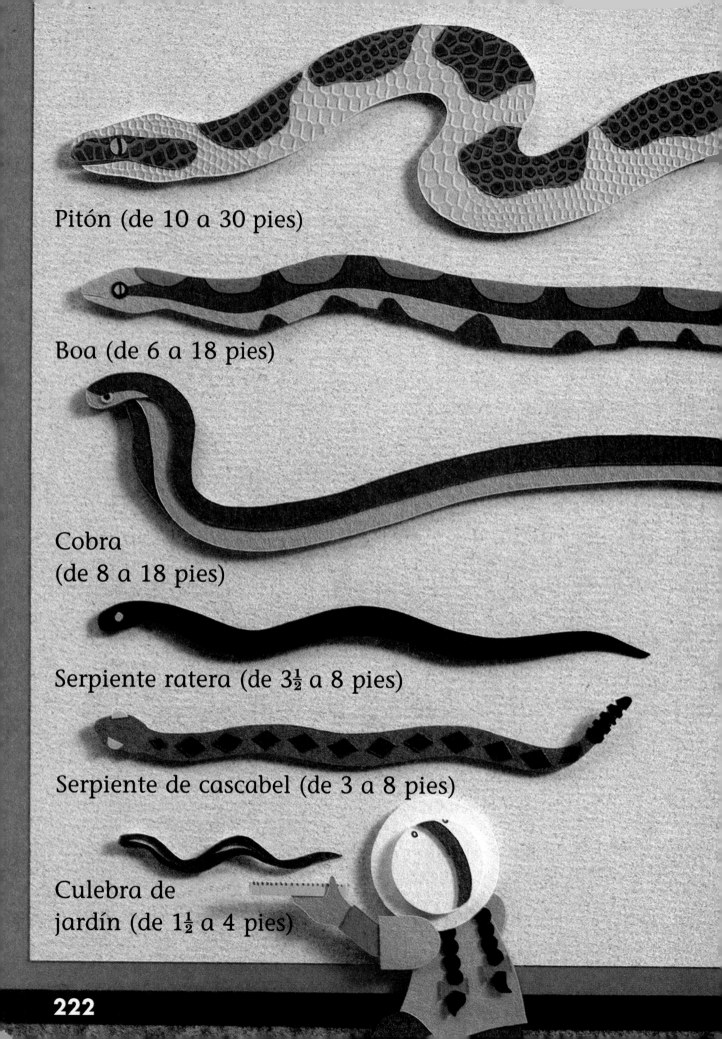

Pitón (de 10 a 30 pies)

Boa (de 6 a 18 pies)

Cobra
(de 8 a 18 pies)

Serpiente ratera (de 3½ a 8 pies)

Serpiente de cascabel (de 3 a 8 pies)

Culebra de
jardín (de 1½ a 4 pies)

Otras serpientes no son ni muy grandes
ni muy pequeñas.

Hay serpientes en casi todas partes del
mundo. Viven en el suelo, en los árboles
y bajo tierra. En los mares y en los lagos.

Pero no viven ni en el Polo Norte ni en
el Polo Sur. El cuerpo de la serpiente no
produce calor como lo hace el de las
personas. Así que, cuando hace frío,
la serpiente se enfría.

Y cuando hace calor, la serpiente está
calientita.

Muchas clases de serpientes resisten el frío del invierno.

¿Cómo lo logran? Buscan un lugar donde protegerse del frío, como un hoyo profundo, una cueva o debajo de una piedra. Allí pasan el invierno dormidas profundamente hasta que vuelve la época de calor.

Las serpientes siempre tienen los ojos abiertos, aun cuando duermen. Es decir que no tienen párpados. Una piel transparente les recubre los ojos.

La mayoría de las serpientes no tienen muy buena vista. Sin embargo, saben cuando algo se mueve. Esta culebra de jardín apenas puede ver a esta rana que está tan quieta y calladita.

¡Croac, croac!
La rana croa. La culebra no oye a la rana. Las serpientes no tienen oídos externos.

La culebra de jardín saca y mete la lengua. ¡De repente huele a la rana!

Las serpientes captan los olores con la lengua. Cuando una serpiente saca y mete la lengua, huele de la misma manera en que tú hueles con la nariz.

¡La rana debe escapar cuanto antes!

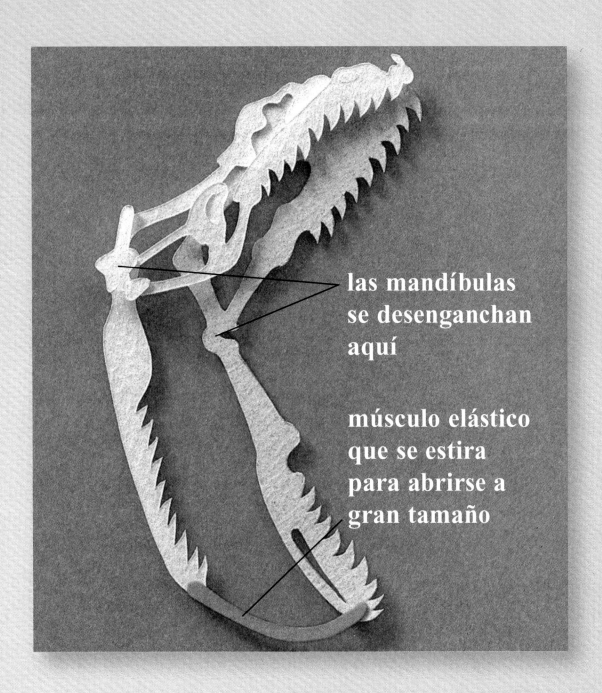

las mandíbulas
se desenganchan
aquí

músculo elástico
que se estira
para abrirse a
gran tamaño

Las serpientes no mastican su alimento.
Abren mucho las mandíbulas y se lo
tragan entero.

Una serpiente pitón puede tragarse un
cerdo de un solo bocado.

La serpiente de coral se rasca la cabeza contra una piedra. Al rascarse, la piel vieja se abre.

Muy lentamente, la serpiente sale de su piel gastada. Las serpientes cambian de piel dos o tres veces al año.

Bajo la piel vieja, ha crecido una piel nueva. La piel vieja está muy desgastada y se pela. Sale al revés, como cuando uno se saca una camiseta por la cabeza.

Las serpientes se protegen de muchas maneras. La serpiente de cascabel mueve la cola y hace un ruido amenazante: *¡Sssssssssssss!*

La boa se enrosca y parece una pelota. Así, aunque le muerdan la cola, la cabeza siempre está a salvo.

La mocasín de agua abre muchísimo la boca. Sus enemigos huyen sólo de verla.

Cuando la cobra se enoja, espanta a sus enemigos. Primero, sube echándose hacia atrás. Agranda y aplana el cuello. Luego, se lanza hacia delante soltando un silbido fuerte y agudo.

La mayoría de la gente les tiene miedo a las serpientes. Sin embargo, las serpientes son útiles. Se alimentan de las ratas y ratones que se comen las cosechas.

Además, el veneno de serpiente se usa para la medicina. Los expertos "ordeñan" los colmillos de las serpientes para sacarles el veneno.

A algunas personas les dan miedo las
serpientes, pero a otras les gustan.

De todas maneras, hay algo muy cierto:
las serpientes existen desde hace millones
y millones de años.

Había serpientes mucho antes de que
hubiera personas. Incluso en la época
de los dinosaurios ya había serpientes.

¡Tal parece que siempre habrá serpientes!

Conozcamos a la autora
Patricia Demuth

De niña, a Patricia Demuth le fascinaba explorar la naturaleza. Recuerda que tenía mucho "tiempo para explorar" junto a sus ocho hermanos y hermanas. Todavía "se divierte muchísimo" explorando la naturaleza y escribiendo sobre lo que descubre.

A la víbora de la mar

Canción tradicional

A la víbora, víbora

de la mar, de la mar,

por aquí pueden pasar,

los de adelante corren mucho

y los de atrás se quedarán,

tras, tras.

Hablemos

¿Qué tres cosas sorprendentes aprendiste sobre las serpientes?

Piénsalo

1. ¿Crees que a la autora le parecen interesantes las serpientes? ¿Por qué?

2. ¿En qué se parecen todas las serpientes? ¿En qué se diferencian?

3. ¿Cómo se protegen las serpientes?

Escribe un poema sobre serpientes

Piensa en lo que has aprendido sobre las serpientes. Escribe un poema sobre una serpiente. Lee el poema a un amigo o amiga.

El pájaro Manuel

por Ivar Da Coll

En el campo hay un nido hecho todo en caramelo
donde vive doña Garza, su marido y sus polluelos.
¿Sabes quién lo construyó?
Don Manuel el carpintero, albañil muy cumplidor.

En un árbol hay un nido, de Lechuzo el dormilón.

Don Manuel lo ha construido dentro de un despertador.

¿Sabes cómo lo inventó?

Con palitos de canela y ramitas de limón.

Hay un nido en una palma, donde vive don Tucán,
con columpios de avellana y mariposas de azafrán.
¿Sabes quién lo fabricó?
Don Manuel el inventor, emplumado constructor.

Hay un nido iluminado, encima de un girasol.

Don Manuel lo ha creado por encargo del
gorrión.

¿Sabes cómo lo logró?

Empacando las ramitas dentro de un elevador.

Así sigue mi cuentito sobre el pájaro Manuel.

Y por eso, te lo digo, hice algo para él.

Fui temprano al mercado a comprar muchas cositas.

Un almuerzo, unas frutas y otras cosas muy bonitas.

Por la tarde, en mi casa, corrí al árbol de laurel.

Muy oculto entre sus ramas un nidito fabriqué.

Se lo hice a un pajarito que ya debes conocer.

Hace casas con el pico y se llama don Manuel.

Pájaros en la cabeza

por Laura Fernández

Como todos los días, me levanté temprano para ir a la escuela; pero esta vez, en lugar del molesto ring ring del despertador, oí un pío pío cercano.

¡Qué emoción! Me vi en el espejo y descubrí que tenía pájaros en la cabeza.

Me quedé un rato observándolos, y pensé: "No tendré que usar más el despertador".

Los pajaritos estaban aún medio dormidos; pero cuando me bañé con ellos, terminaron por despertar.

Todos estábamos felices. Mamá me hizo un peinado en forma de nido para que estuvieran más cómodos y papá les dio migajitas de pan en el desayuno.

En la escuela todos trabajamos mejor porque mis pájaros cantaron toda la mañana.

A la hora del recreo mis amigos se pusieron el almuerzo en la cabeza.

Querían tener pájaros en la cabeza; sin embargo, sólo se acercaron mariposas.

En la tarde me compré un helado gigante con muchas bolas de sabores y mis pájaros sólo me dejaron la bola de fresa.

En casa me ayudaron a hacer la tarea
y vimos un rato la televisión.

Después de cenar fuimos a saludar a la Luna. Cuando regresamos a casa, mis pájaros se fueron a dormir a un árbol.

Y aunque me sentí triste, los dejé volar.

Ya no están en mi cabeza, pero viven en el árbol que está junto a mi ventana.

Todos los días me despiertan temprano con su pío pío, y ya no uso el despertador.

Lo malo es que ellos no saben cuáles son los días que me puedo levantar más tarde.

Conozcamos a la autora e ilustradora
Laura Fernández

"¿Tienes pájaros en la cabeza?", le preguntaba la maestra a Laura Fernández cuando no prestaba atención en clase. Cuando Laura andaba distraída, imaginaba mil cosas. Le gustaba inventar historias y dibujar. Años después, Laura empezó a escribir y dibujar las cosas que imaginaba, y así hizo su profesión.

Trato hecho

por Amado Nervo

—Oye, pichoncito amigo,
yo quiero jugar contigo.

—Niño, si quieres jugar,
ven, sube a mi palomar.

—Me faltan alas, no puedo…
baja tú, no tengas miedo.

—Sin miedo voy a bajar,
y jugaré satisfecho
pero trigo me has de dar.

—Pichoncito, trato hecho.

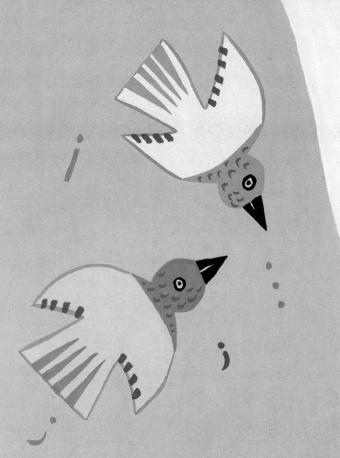

Carpintero

por Ernesto Galarza

Pica pica
carpintero,
pica pica
el agujero.
Dale, dale,
tras, tras, tras,
puro palo
comerás.

Era una paloma

Tradicional

Era una paloma,
punto y coma,
que dejó su nido
punto y seguido,
para ir al parque,
punto y aparte.
Se encontró a un amigo,
puntos suspensivos…
Se paró en la loma,
punto y coma;
se tragó un nopal,
punto final.

Reacción del lector

Hablemos

A los padres de la niña les parece normal que ella tenga pájaros en la cabeza. ¿Qué haría tu familia si tuvieras pájaros en la cabeza?

Piénsalo

1. ¿Qué piensa la niña de los pájaros? ¿Qué partes del cuento te lo dicen?

2. ¿Podría la niña tener pájaros en la cabeza en realidad? ¿Por qué sí o por qué no?

3. En esta unidad leíste una selección que trata de un pato. El cuento que acabas de leer trata de unos pájaros. ¿Qué diferencias hay entre las dos selecciones?

Escribe una tarjeta

La niña se siente triste cuando los pájaros se van. Escríbele una tarjeta para consolarla. Dile por qué es mejor que los pájaros no estén en su cabeza. Decora la tarjeta con dibujos.

Querer es poder.

Paso a paso

¿Cómo aprendemos y trabajamos en grupo?

La mascota de Patricia

por Yanitzia Canetti

ilustrado por Darcia Labrosse

Patricia era una niña alegre. No era ni traviesa ni tranquila.

Una noche, Patricia le preguntó a su padre:

—Papá, ¿me dejas traer una mascota a la casa?

—Creo que sí, Patricia —dijo su padre—. Mañana vamos a la tienda de mascotas. Seguro que allí vas a encontrar un animalito.

Al día siguiente, Patricia y su padre fueron a la tienda de mascotas.

En la vidriera vieron un pájaro
que trinaba.

—Podrías llevar un pájaro. Los
pájaros trinan muy bonito —dijo el
padre de Patricia.

—Sí, cantan muy bonito, pero me
gustaría algún animal con quien jugar
—dijo Patricia.

Luego, Patricia y su padre vieron
una rana.

—Podrías llevar una rana. Las ranas
croan y saltan muy bien —dijo el padre
de Patricia.

—Sí, croan y saltan, pero me gustaría
algún animal con quien jugar —dijo
Patricia.

Patricia estaba triste. Creyó que
nunca iba a encontrar una mascota.

—No te pongas triste, Patricia. Tal vez
otro día encontraremos algo —dijo su
padre.

De repente, el padre de Patricia vio
un perrito que ladraba y ladraba.

—¿Qué tal un perrito? —preguntó
el padre de Patricia.

—¡Sí! Este perrito podría jugar y
hacer trucos —dijo Patricia.

—¡Pero ojalá deje de ladrar! —dijo
el padre de Patricia.

Quino y Dino

por **Miquel Alzueta**
ilustrado por **Àngels Comella**

Quino siempre tenía la cabeza llena
de dinosaurios: tiranosaurios, diplodocus,
alosaurios, estiracosaurios…
De día y de noche soñaba con encontrarse
uno y poder ser su amigo.

Un día, en la cocina:
tic-toc...
ton-ton...
cric-crac...
crec-crec...

—¡Oh! ¡Un pequeño dinosaurio!
¿Cómo te llamas? ¿Qué haces ahí?
¿Quieres ser mi amigo? ¡Lo pasaremos
en grande! Vivirás siempre conmigo,
escondido bajo mi almohada, ¿sí? Te
llamarás Dino.

—Jugaremos a la pelota,
con el oso, con el coche…
Te dejaré todas mis cosas…
Quiero que ésta sea tu casa.

Pero Dino crecía más y más cada día,
y cada vez resultaba más difícil esconderle.
Los niños del colegio le tenían miedo,
se peleaba con los perros y se comía
todos los helados.

Sólo quería jugar, y además,
ya empezaba a hablar.

—¡Quiero irme a mi casa!

—¿Por qué? ¿No estás bien conmigo? ¿No te gustan mis juguetes?

—Quiero irme a mi casa. Quiero ir a mi país, al país de los dinosaurios. Tú siempre serás mi amigo, pero quiero conocer a mi padre y a mi madre, a mis tíos, a mis hermanos, a mis abuelos…

Aquella misma noche, Quino lo decidió.
Saldrían en busca del país de los dinosaurios.
Dino encontraría a sus amigos.

—Dinosaaaurios, ¿dónde estááán?

—...

—¿Dónde estááán? ¡Somos amigooos! He traído conmigo a un pequeño dinosaurio. Se llama Dino.
¡Bruuun! ¡Burrumbumbuuum!
¡Brooom! ¡Brumbumbuuum!

—¡Oh! ¡Hola!

Dino había encontrado a su familia
y a sus amigos.

Quino, un poco triste, se despidió de
su compañero y le prometió que iría a
visitarle siempre que pudiera. Un
dinosaurio mayor le acompañó a su casa
antes de que saliera el sol.

Nadie le vio regresar. La aventura con
su amigo Dino había terminado.

A la mañana siguiente, su madre le dijo:
—Quino, ¿qué te pasa? ¿No has dormido
bien?

—Sí, sí... estoy muy bien. Yo... verás...
es que...

toc-toc...

tic-tic...

crec-crec...

pío-pío...

¿Qué era aquello? ¿Otro Dino?

—¡Oh! Es un polluelo. Serás siempre mi amigo y vivirás bajo mi cama. Te enseñaré a jugar a la pelota y a cantar canciones. Leeremos cuentos, miraremos la tele… nos vamos a divertir de lo lindo. Te llamarás Tito, ¿de acuerdo?

Conozcamos al autor
Miquel Alzueta

A Miquel Alzueta siempre le han gustado los dinosaurios. De pequeño tenía una imaginación muy activa, como la de Quino. Los cuentos que escribe hoy en día a veces tratan de personajes fantásticos, como Dino.

Conozcamos a la ilustradora
Àngels Comella

Cuando estaba en la escuela, a Àngels Comella le gustaba hacer revistas de tiras cómicas para sus compañeros de clase. Hoy en día se dedica a ilustrar cuentos para niños. Cuando hace sus dibujos recuerda su niñez en España.

Animales domésticos

por Alma Flor Ada

Pez, tortuga, guacamayo,
perro, gatito o gorrión;
todo animalito amigo
nos alegra el corazón.

Hablemos

Los niños del colegio le tienen miedo a Dino. Y tú, ¿le tendrías miedo? ¿Por qué?

Piénsalo

1. El autor dice que Quino siempre "tenía la cabeza llena de dinosaurios". ¿Qué quiere decir con esto?

2. Quino quiere que Dino se quede con él, pero lo ayuda a encontrar a su familia. ¿Por qué?

3. ¿En qué se parecen los cuentos *Quino y Dino* y *Pájaros en la cabeza?* ¿En qué se diferencian?

Reunión familiar

Con varios compañeros, representa la reunión de Dino con su familia. Dino les cuenta a los demás dinosaurios cómo es Quino.

¡Bravo, bravo!

por Julio Ricardo Baerga

ilustrado por Claudia de Teresa

—¿Qué cuento leímos hoy, niños? —preguntó la señora Bruno.

—Era un cuento sobre una cebra que vivía bajo un árbol, que daba mucha sombra —dijo Franky.

—Pero la cebra no tenía amigos —dijo Frida.

—¡Muy bien! —dijo la señora Bruno—.
¿Y qué pasó después?

   —Una cabra del campo llegó al árbol
de la cebra. La cabra tenía calor. La
cebra compartió la sombra y la cabra
compartió unas frutas sabrosas —dijo
Fredo.

   —Desde entonces, la cebra y la cabra
se hicieron amigas —dijo Frida.

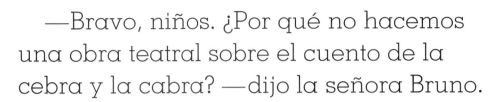

—Bravo, niños. ¿Por qué no hacemos una obra teatral sobre el cuento de la cebra y la cabra? —dijo la señora Bruno.

—¡Sí! —dijo Franky.

—¡Sí! —dijo Frida.

—¡Sí! —dijo Fredo.

—Para empezar, necesitamos un escenario —dijo la señora Bruno.

Así que Franky, Frida y Fredo dibujaron el árbol que daba mucha sombra. Usaron cartulina y marcadores de muchos colores. Todos ayudaron.

—Y ahora, tenemos que hacer las máscaras de la cebra y la cabra —dijo Franky.

—Sí, ¡y no se olviden de la canasta de frutas! —dijo Fredo.

Así que Franky, Frida y Fredo hicieron las máscaras de la cebra y la cabra, y dibujaron la canasta de frutas. Usaron cartón, tijeras y marcadores de muchos colores. Todos ayudaron.

Llegó la hora de la obra teatral.
Frida hizo el papel de la cebra. Franky
hizo el papel de la cabra. ¿Y Fredo? Fredo
hizo el papel de la canasta de las frutas.

—¡Bravo, niños! ¡Bravo! —dijo la señora
Bruno—. ¡Qué obra más linda!

Los títeres

por Berta Hiriart Urdanivia

fotografías de Marie-Cristine Camus

Mis papás son titiriteros. Su oficio es hacer títeres y contar historias con ellos.

Así que conozco los títeres desde que nací. Me cuentan que todavía no me salían los dientes cuando comencé a asistir a las funciones.

Ahora que ya estoy grande y he
cumplido seis años, yo también ayudo
a fabricar muñecos.

Algunos títeres son de tela, otros son
de madera o de papel.

Mi hermana y yo hacemos
muñecos con frutas, verduras y cosas
que recogemos en el campo.

Para dar una función de títeres se
necesita tener una historia que contar.
La tía Juana es la escritora del grupo;
inventa unas historias hermosísimas.

A mí las que más me gustan son las aventuras de piratas, en cambio a mi primo Pedro le encantan las historias de amor.

Las personas, animales o cosas que aparecen en una historia son los personajes.

Cuando mi tía Juana termina una historia, los titiriteros construyen los personajes y comienzan a ensayar.

Durante los ensayos, los artistas inventan la voz y los movimientos de los personajes. Prueban muchas maneras de hacerlo hasta que encuentran la que más les gusta.

¡Los títeres son maravillosos! Pueden
hacer cualquier cosa: volar sobre una
alfombra, desaparecer de pronto o llevar
la luna al fondo del mar.

Y también pueden hacer existir cosas
que no existen en la realidad, como los
dragones, las hadas, los ogros o el coco.

Cuando la obra está lista, preparamos todo para salir a dar las funciones. En un camioncito recorremos los caminos de México, llevando las historias de títeres a los niños y niñas de todo el país.

Al llegar a algún pueblo, buscamos la
plaza principal y anunciamos la función.
Mientras llega el público, los titiriteros
arman el teatrino, que es una caja de
madera y tela que oculta a la gente
que mueve los muñecos.

Mis papás no nos prestan el teatrino para jugar. Pero nosotras inventamos diferentes maneras de ocultarnos cuando hacemos función para los amigos.

¿No te gustaría jugar a los títeres? Inventa una historia y construye unos muñecos.

¡Que te diviertas!

Conozcamos a la autora

Berta Hiriart Urdanivia es
mexicana y vive en la Ciudad de
México. Sabe que a los niños les
gusta inventar historias y
representarlas. Piensa que los títeres
son una buena manera de contar
historias, porque con ellos se
representa un sinfín de escenas que
divierten a los niños.

Hablemos

¿Te gustaría hacer algunas de las cosas que la niña y su familia hacen? ¿Por qué?

Piénsalo

1. ¿Por qué crees que los papás no les prestan el teatrino a los niños?

2. ¿Qué piensa la niña del trabajo de su familia? ¿Cómo lo sabes?

3. Describe los pasos que siguen los titiriteros para presentar una función.

Función de títeres

Con dos compañeros, escoge un cuento para una función de títeres. Hagan sus propios títeres. Ensayen la función y preséntenla a la clase.

Graciela y Prudencio

por Clarita Kohen   ilustrado por Anthony Lewis

Hoy es un día alegre para Graciela
y Prudencio. Una tarea muy especial
les espera en el parque El Prado.
¡Están muy emocionados!
¡Cuántas ganas de ayudar!

En el parque, el señor Grava está muy
preocupado. ¡Llegaron más niños de los
que había en el papel! Ése es un problema
que él no había esperado. Mientras tanto
los niños del jardín ya quieren jugar.

Graciela y Prudencio están muy
emocionados. El señor Grava les explica
la tarea especial. Hay que enseñar a los
niños a jugar al fútbol.
¡Cuántas ganas de ayudar!

Prudencio se ve preocupado. De repente
dice: —¡Ay, lo malo es que yo no sé enseñar!

—No te preocupes, somos buenos jugadores.
Vamos a probar —dice Graciela.

¡Cuántas ganas de ayudar!

Primero, el señor Grava les demuestra
lo que deben enseñar. Graciela y
Prudencio están muy emocionados.
El señor Grava está muy agradecido.
¡Cuántas ganas de ayudar!

Después de correr a toda prisa y también de practicar, Graciela y Prudencio parecen profesores. Aun al final se oyen gritos de alegría.

—¡Gracias por ayudar! —exclama el señor Grava.

Cucú

Cuento folklórico mexicano

por Lois Ehlert

Cucú era bellísima.

El problema era que ella lo sabía.

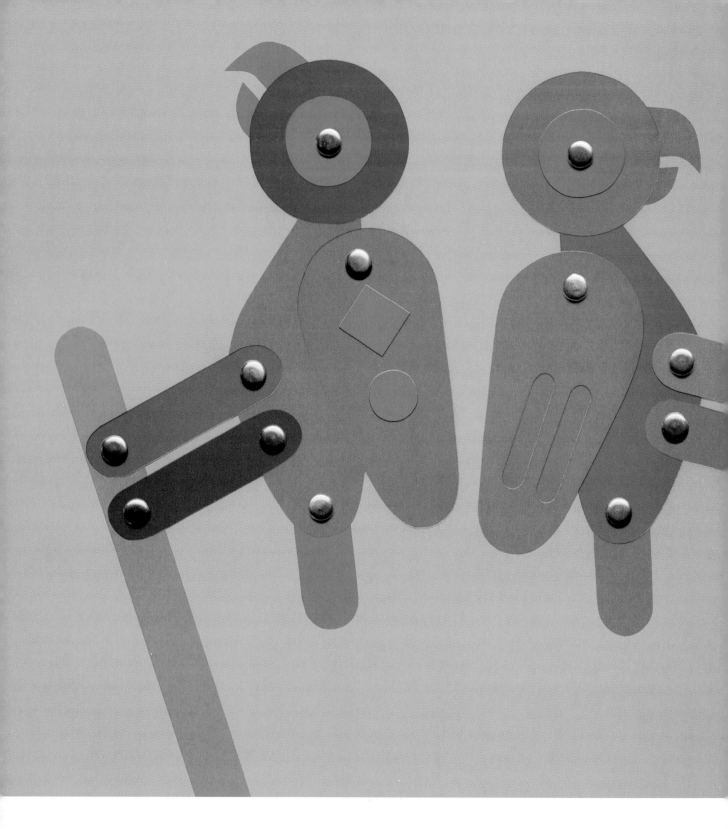

—Cucú es hermosa —graznó una cotorra.

—Hermosa y perezosa —dijeron las otras.

—Nunca nos ayuda a recoger semillas.

Está encantada consigo misma.

Todo el día Cucú volaba y cantaba.

—Cu–cú, cu–cú, bo–NI–ta, nita, nita, nita.

Las flores se abrían al oír su linda
canción. Los gallos cercanos paraban de
cantar. A los perros se les olvidaba ladrar.

Pero aun la canción más dulce se puede
amargar.

—Fuera, Cucú, estamos cansadas de ti y de tu canto también —dijeron las palomas.

—¡Cucú, para de cantar y duérmete!

—ululó el Búho. Él era el jefe de los pájaros.

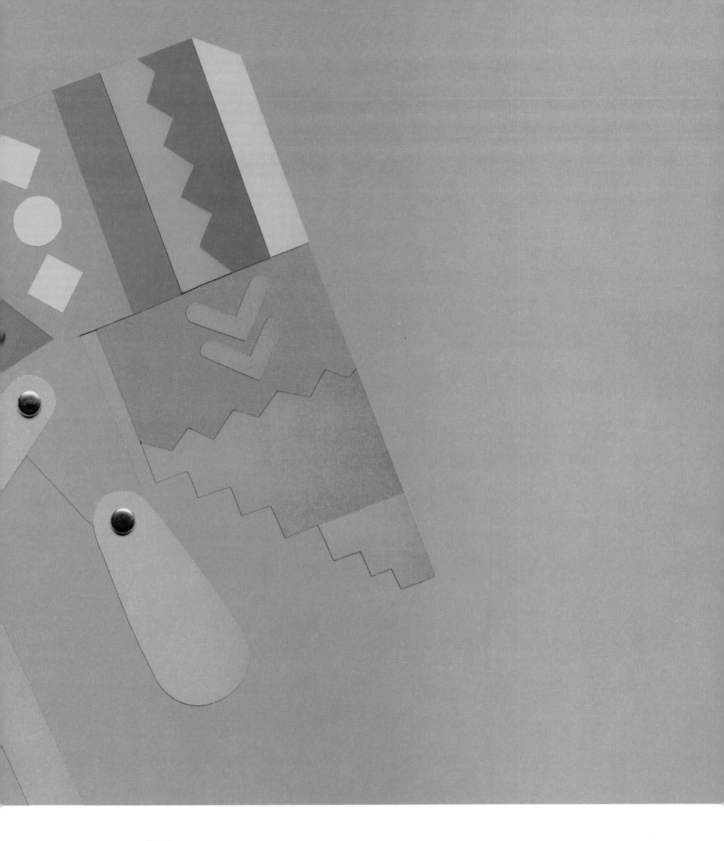

—Mañana temprano empezaremos

a recoger semillas.

Cada año, después que se secaban las plantas de los campos, los pájaros recogían frijoles, elotes y semillas de pimiento, calabacín y tomate para dejarlas caer sobre el montoncillo del Topo.

Luego sembraban esas semillas para cultivar alimentos para otra temporada.

Los pájaros se durmieron soñando con semillas. Hasta el Búho durmió la siesta.

Cucú pronto se aburrió de cantarse a sí misma. Cuando descendió por su rama, algo rojo revoloteó entre los árboles.

—¿Qué es eso? —murmuró—. ¿Algún
pájaro llamativo? Más vale que lo espante.

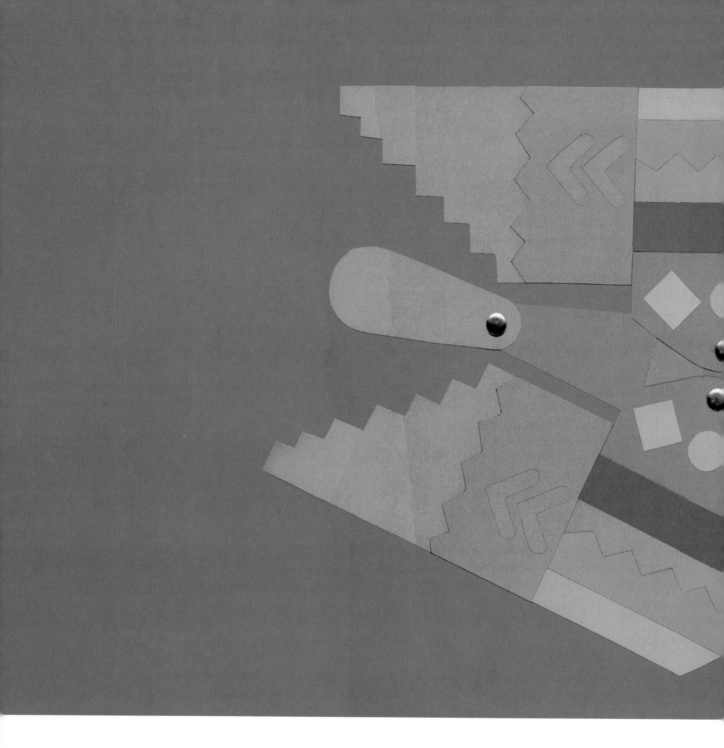

Pero no era un pájaro. Era un incendio
forestal. El Topo salió porque había olido
el humo. Mientras Cucú voló del bosque,
el Topo gritó: —¿Puedes salvar las semillas?

Señalando su túnel dijo: —Las puedes echar aquí adentro.

No había tiempo para despertar a los otros pájaros. Las llamas rojas subían más y más alto, llegando más y más cerca.

Así fue como Cucú empezó. Era una tarea
calurosa y peligrosa.

Su plumaje de arco iris se chamuscó
con las llamas y sus ojos se enrojecieron
con el humo.

Desde los campos ardientes a los bosques frescos, Cucú voló, llevando semillas al túnel del Topo durante toda la noche.

Al amanecer Cucú dejó caer la última mazorca de elote en el túnel del Topo. Cansada pero feliz, empezó a cantar. Pero "Cu–cú, cu–cú" era todo lo que salía de su garganta ahogada por el humo.

Los pájaros despertaron al oír los roncos
gritos de Cucú. Se asombraron al ver los
montes ennegrecidos.

Las semillas habían desaparecido.
Sin semillas para sembrar no tendrían
alimentos para más adelante.

Entonces vieron un pájaro chamuscado
que revoloteaba en los altos.

—¿Eres tú, Cucú? —llamaron las palomas.

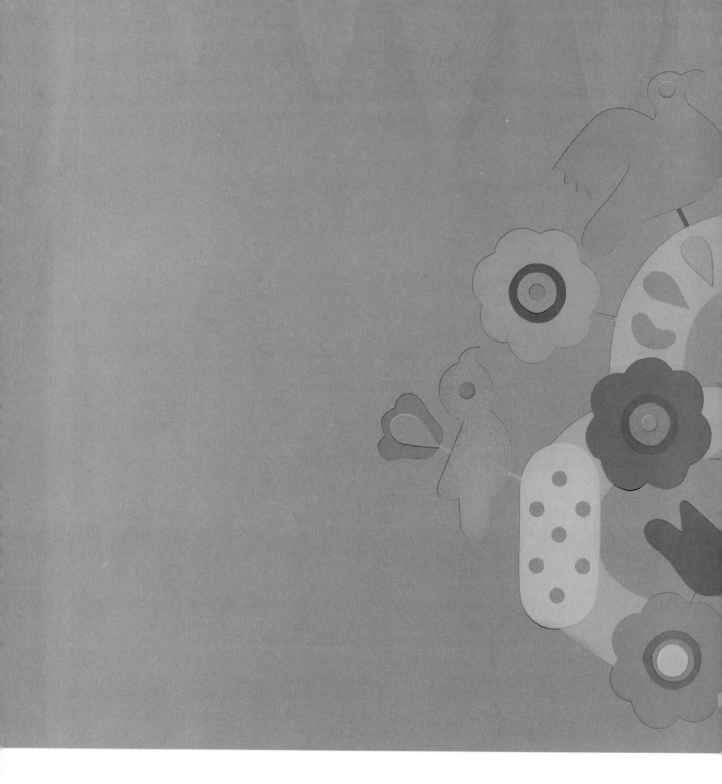

Los pájaros esperaron a que Cucú se
posara. Todos aplaudieron con sus alas
cuando ella les dijo que las semillas estaban
seguras.

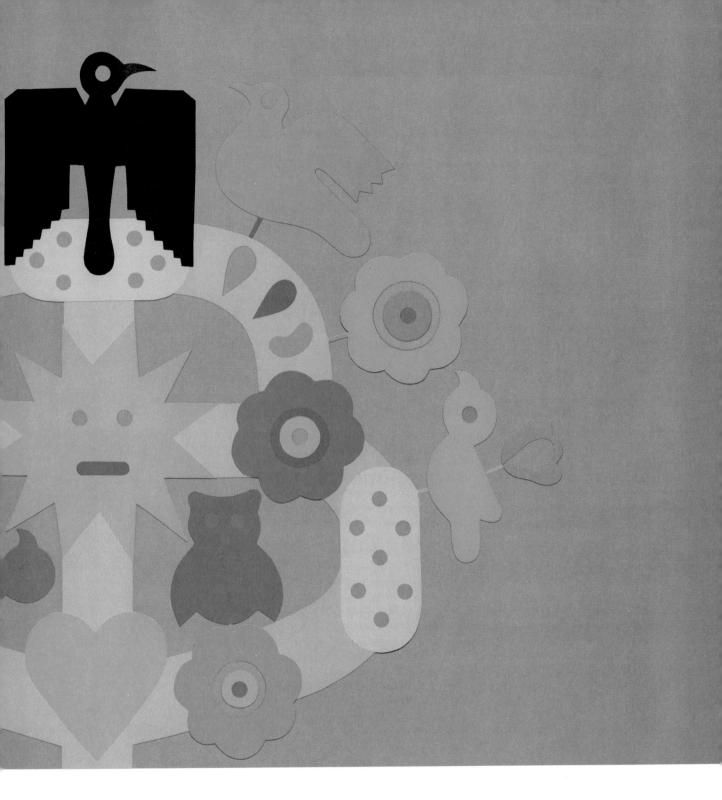

Al final todos estaban de acuerdo en
que no se puede juzgar a un pájaro por
su plumaje.

Conozcamos a la autora e ilustradora

Lois Ehlert

El papá de Lois Elhert tenía un taller, y su mamá era costurera. Lois jugaba con las herramientas y las telas que había en la casa. Así desarrolló su estilo de ilustrar.

Al hacer ilustraciones, corta figuras de papel, tela y otros materiales. Las pega en una hoja de papel o cartón para formar collages. Los cuentos que ilustra tratan de sus temas favoritos, como sembrar un jardín y recoger sus frutos.

Hablemos

Imagina que tú eres Cucú. ¿Cómo te sentirías al final del cuento? ¿Por qué?

Piénsalo

1. Recoger las semillas es difícil y peligroso, pero Cucú lo hace. ¿Por qué?

2. ¿Tiene el cuento un final triste o un final feliz? Explica por qué.

3. En el cuento se usa la frase "no se puede juzgar a un pájaro por su plumaje". ¿Qué significa esta frase?

Noticias por televisión

Imagina que eres un reportero o reportera de noticias en la televisión. Presenta un informe sobre lo que le pasó a Cucú.

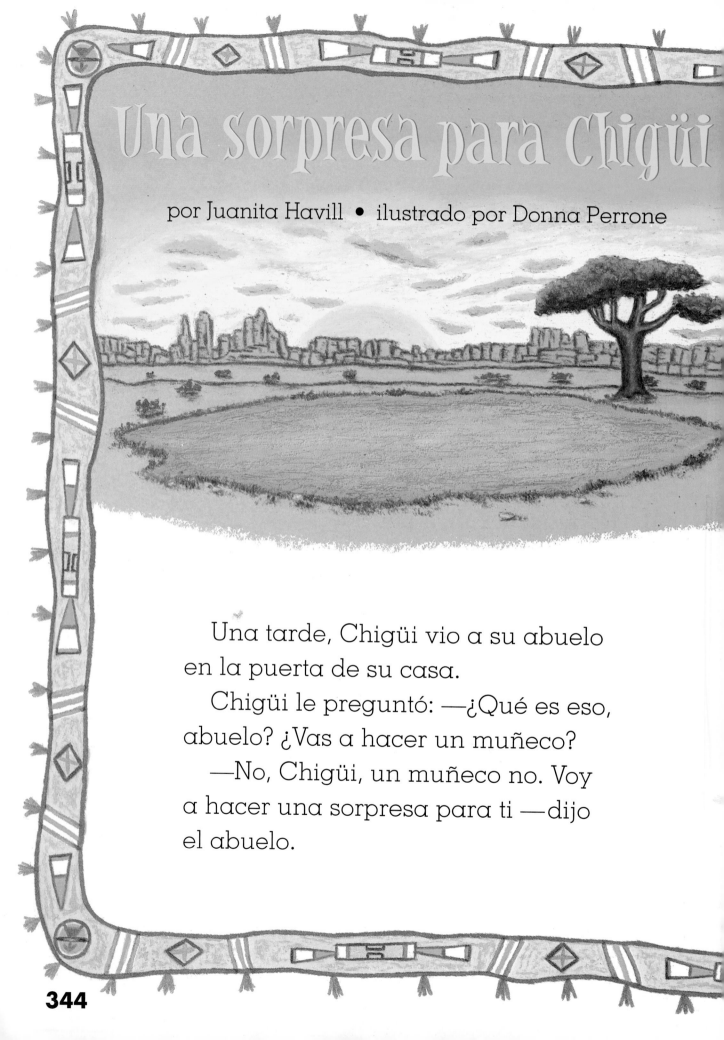

Una sorpresa para Chigüi

por Juanita Havill • ilustrado por Donna Perrone

Una tarde, Chigüi vio a su abuelo
en la puerta de su casa.

Chigüi le preguntó: —¿Qué es eso,
abuelo? ¿Vas a hacer un muñeco?

—No, Chigüi, un muñeco no. Voy
a hacer una sorpresa para ti —dijo
el abuelo.

El abuelo continuó: —Te voy a dar algunas pistas, Chigüi. Mi sorpresa está hecha de un árbol y está vacía por dentro. A veces suena como un pájaro y a veces, como el eco de un cañón. Y si usas los dedos y el aliento, escucharás un bello canto.

Chigüi pensó en las pistas. Intentó averiguar lo que era la sorpresa. Leyó un libro y aprendió que el papel se hace de madera de árboles.

"Quizás sea una obra de arte hecha de papel. Pero una obra de arte no está vacía", pensó Chigüi.

Chigüi ayudó a su mamá con una caja de las compras.

"Podría ser una caja; una caja puede estar vacía y se hace de un árbol", pensó.

Chigüi gritó dentro de la caja.

—Pero no suena como el eco de un cañón —dijo.

Chigüi sintió vergüenza porque no podía adivinar lo que era la sorpresa.

Como el abuelo sabía que Chigüi
sentía vergüenza, lo llevó al cañón.
Chigüi gritó su nombre.

—Chigüi, Chigüi —repitió el eco del
cañón.

—¡Lo averigüé! ¡Lo averigüé! Es algo
que canta: una flauta —dijo Chigüi.

Y con los dedos y el aliento, Chigüi
hizo un bello canto.

—Chigüi, hagamos una fiesta. Allí
puedes compartir tu canto con todos
—dijo el abuelo.

—Sí, abuelo —dijo Chigüi.

Cam Jansen
y el juego de los dinosaurios

por David A. Adler

ilustrado por Susanna Natti

CONTENIDO

1. ¡Ya voy! ¡Ya voy!

¡Pip! ¡Pip!

—¡Ya voy! ¡Ya voy! —dijo el Sr. Jansen, que llevaba a su hija Cam y a su amiguito Eric Shelton a una fiesta de cumpleaños.

El Sr. Jansen se detuvo en la esquina de la cuadra. Después de mirar los nombres de las calles, dijo: —¡Qué tonto! Se me olvidó dónde es la fiesta, y no traje la invitación.

¡Pip! ¡Pip!

—¡Ya voy! ¡Ya voy! —dijo mientras partía—. Pero no sé adónde.

El Sr. Jansen siguió hasta la otra cuadra y se estacionó cerca de la esquina.

—Apuesto a que Cam se acuerda de la dirección —dijo Eric. Cam cerró los ojos y dijo *¡clic!* Siempre que ella se quiere acordar de algo, cierra los ojos y dice *clic*.

Cam tiene muy buena memoria.

—Yo tengo una memoria fotográfica —dice Cam—. En la cabeza tengo una cámara que toma fotos de todo lo que veo. Mi cámara hace *clic*.

La verdad es que Cam se llama Jennifer. Pero por su buena memoria todo el mundo empezó a llamarle "Cámara". Y después, de "Cámara" pasó a ser sólo "Cam".

—Estoy viendo la invitación —dijo Cam con los ojos cerrados—. Y dice: "Ven a la fiesta de Jane Bell. 3:00 p.m., Avenida Central Nº 86".

Cam abrió los ojos.

El Sr. Jansen manejó hasta llegar al número 86 de la Avenida Central. En la puerta se veían muchos globos y un gran letrero que decía FELIZ CUMPLEAÑOS.

El Sr. Bell abrió la puerta y dijo: —Pasen, pasen —señalando un frasco muy grande—. Pero antes, adivinen cuántos dinosaurios hay en este frasco. Acuérdense bien del número que escriban, porque el que acierte se gana los dinosaurios.

El frasco estaba repleto de dinosaurios azules, verdes, amarillos y rojos. A un lado había unos pedacitos de papel, varios lápices y una caja de zapatos.

Cam trató de contar los dinosaurios. Pero fue imposible. Eran tantos, que muchos quedaban escondidos detrás de otros.

Cam anotó un número en un papelito y lo puso en la caja de zapatos.

Eric miró el frasco. Lo observó durante largo rato. Después escribió un número en un papelito. Puso el papelito en la caja de zapatos.

—Ojalá gane yo —dijo.

Luego, Cam y Eric fueron a la cocina. Sus amigos ya estaban sentados a la mesa.

2. El juego de los dinosaurios

La Sra. Bell dijo: —¡Qué bueno! Ya llegaron todos los invitados. Ahora voy a traer el pastel de cumpleaños.

El pastel estaba cubierto de chocolate. La Sra. Bell encendió las velitas y todos cantaron "Cumpleaños feliz". Después la Sra. Bell le dio a cada niño un pedazo de pastel.

Todos estaban comiendo pastel cuando entró el Sr. Bell.

—Acabo de contar los dinosaurios —dijo.

—Son exactamente 154 —añadió, al tiempo que tomaba un gran pedazo de pastel.

—Yo puse 150 —dijo Eric—. Tal vez gane yo.

—Yo puse 300 —dijo Raquel.

—Papá, ¿quién ganó? —preguntó Jane—. ¿Quién ganó el juego de los dinosaurios?

El Sr. Bell sonrió y dijo: —Lo sabremos en cuanto me termine el pastel.

Algunos niños se comieron otro pedazo de pastel. Los demás se fueron a jugar. Cuando terminó de comer, el Sr. Bell trajo la caja de zapatos. La vació sobre la mesa y tomó un papelito.

—180 —dijo. Y lo mostró para que todos lo vieran.

—Ése es el mío —dijo Jane.

Uno por uno el Sr. Bell leyó todos los papelitos: —100… 300… 1,000… 450… 200….

Cam lo interrumpió: —Yo puse 200.

El Sr. Bell miró el siguiente papelito y leyó: —150.

—Ése es el mío —dijo Eric.

Luego el Sr. Bell tomó el último pedacito de papel y dijo: —154.

—¡Ése es el mío! —saltó Roberto—. ¡Gané!

—Muy bien —dijo el Sr. Bell—. Adivinaste la cantidad exacta. Aquí está tu premio.

Y le dio a Roberto el frasco de dinosaurios.

Cam miró a Roberto. Después miró el papelito que el Sr. Bell tenía en la mano, y dijo: —¡Clic!

Eric se acercó a Cam y le dijo al oído: —¡Increíble! Adivinó la cantidad exacta de dinosaurios.

—Sí —dijo Cam—. Increíble. Muy increíble.

3. ¡Clic!

Roberto vació los dinosaurios sobre la mesa.

—Son muy bonitos —dijo Raquel.

Jason preguntó: —¿Me regalas uno?

Y Raquel agregó: —¿Me regalas uno a mí también?

—No los voy a regalar —dijo Roberto—, los voy a vender.

—Yo quiero uno rojo —dijo Raquel—. Mañana en la escuela te lo pago.

—Yo quiero tres dinosaurios verdes y dos amarillos —dijo Jason.

—Juguemos a las adivinanzas —dijo la Sra. Bell, mostrando una cajita—. Adivinen lo que tengo aquí. Tiene números, pero no sabe contar; camina, pero no se mueve. ¿Qué es?

—¿Camina muy rápido? —preguntó Raquel.

—Espero que no —respondió la Sra. Bell.

—¿Tiene ocho patas? ¿Es una araña? —preguntó Eric.

—No, no tiene patas —dijo la Sra. Bell.

Cam preguntó: —¿Tiene cuerda? ¿Es un reloj?

Cam lo había adivinado.

Después el Sr. Bell dijo: —Ahora vamos a jugar a las sillas musicales.

Colocó seis sillas una al lado de la otra y puso música.

Luego les explicó: —El juego consiste en dar vueltas alrededor de las sillas. Cuando pare la música, todos tienen que sentarse. El que se queda sin silla, queda eliminado.

Los niños empezaron a dar vueltas alrededor de las sillas. Pero Cam, en lugar de jugar, se puso a contarlas. Después cerró los ojos y dijo:
—¡Clic!

4. ¡Me hiciste perder!

La música se detuvo.

Todos se sentaron menos Cam. Estaba eliminada. El Sr. Bell quitó una silla y volvió a poner la música.

Cam abrió los ojos. Se acercó a la mesa. Miró los pedacitos de papel.

Luego, cuando Eric pasó por su lado, le dijo bajito: —Ven, hay algo que te quiero mostrar.

Eric volteó y la música se detuvo. Todos
se sentaron, menos Eric. Estaba eliminado.
El Sr. Bell quitó otra silla y volvió a poner
la música.

Cuando Roberto pasó por el lado de Cam, ella
le dijo bajito: —A ti también te quiero mostrar
algo.

Roberto también volteó y la música se detuvo.
Todos se sentaron menos Roberto. Estaba
eliminado.

Roberto le dijo a Cam: —Me hiciste perder el
juego de las sillas musicales.

—Y también te voy a hacer perder los
dinosaurios —le dijo Cam.

5. Los voy a compartir

Cam le dijo a Roberto: —Tú escribiste el número 154 *después* de que el papá de Jane contara los dinosaurios.

—¡Yo no hice eso! —dijo Roberto.

Cam explicó: —El Sr. Bell vació la caja de zapatos sobre la mesa. Los papelitos cayeron boca abajo. Cayeron en el mismo orden en que los pusimos. El de Jane fue el primero. Eric y yo fuimos los últimos en llegar a la fiesta. Nuestros papelitos deberían haber sido los últimos. ¡Pero el último fue el tuyo!

—Tal vez se desordenaron —dijo Roberto.

Cam le dijo: —Había ocho papelitos, pero sólo somos siete niños. Tú pusiste dos papelitos. El primero lo pusiste al llegar a la fiesta. Y el segundo lo pusiste después de que el papá de Jane nos dijo que había 154 dinosaurios en el frasco.

—¡Yo no hice eso! —repitió Roberto.

Cam tomó el papelito de Roberto con el número 154.

—Mira —dijo señalando una mancha de chocolate—. Lo escribiste después de comer el pastel. Por eso está manchado de chocolate.

Cam y Eric miraron las manos de Roberto. También estaban manchadas de chocolate.

Roberto bajó la cabeza.

—Es cierto —dijo en voz baja—. Yo pensé que en el frasco había 1,000 dinosaurios.

Roberto devolvió los dinosaurios al frasco.

Cuando terminó el juego de las sillas musicales, Roberto fue a hablar con la Sra. Bell. Le dijo que Eric era el verdadero ganador del juego de los dinosaurios.

La Sra. Bell le dio el frasco a Eric.

Raquel dijo: —Quiero comprar un dinosaurio rojo.

Jason dijo: —Y yo quiero tres verdes y dos amarillos.

Eric les dijo: —No los voy a vender. Los voy a compartir.

Los niños se sentaron en un círculo. Eric se puso en el centro.

—Uno para ti —decía mientras le daba un dinosaurio a cada niño—, otro para ti, y otro para ti.

Después de darle un dinosaurio a cada niño, Eric puso un dinosaurio sobre una silla y dijo: —Y uno para mí.

Eric dio la vuelta alrededor del círculo repartiendo los dinosaurios entre los niños hasta que el frasco quedó vacío.

Conozcamos al autor
David A. Adler

A David Adler siempre le ha gustado contar cuentos. De niño los inventaba y se los contaba a sus hermanos y hermanas. Hoy día el señor Adler escribe cuentos infantiles. "Me siento muy afortunado. Me encanta escribir y saber que a los niños les interesa lo que escribo."

"Me divierto mucho con los libros de Cam Jansen porque tratan de una niña encantadora", explica el señor Adler.

Conozcamos a la ilustradora
Susanna Natti

A Susanna Natti le encanta leer y dibujar. Le gusta visitar las escuelas para hablar con los niños sobre sus ilustraciones. Ha ilustrado todos los libros de Cam Jansen.

Reacción del lector

Hablemos

¿Te interesó el cuento hasta el final? ¿Por qué?

Piénsalo

1. ¿Por qué piensa Cam que alguien hizo trampa en el juego de los dinosaurios?

2. ¿Por qué decide Eric compartir sus dinosaurios al final del cuento?

3. ¿Qué piensas de Roberto? ¿Te cae bien? ¿Por qué?

Escribe un cuento de misterio

Escribe un cuento de misterio. Pide a un compañero o compañera que resuelva el misterio.

Pablo y Blanca

por Deborah Eaton

ilustrado por
C.D. Hullinger

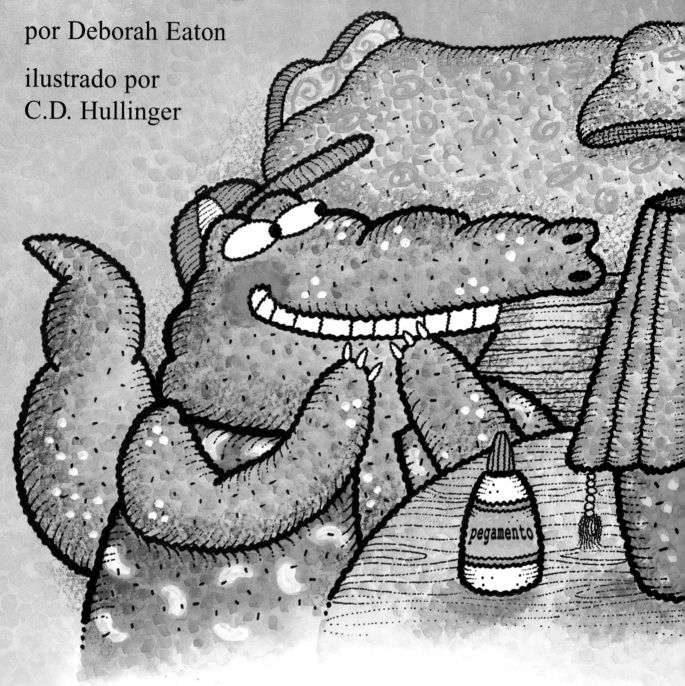

A Pablo le gustaba hacer bromas,
especialmente a su mejor amiga Blanca.
Un día, por ejemplo, Pablo tuvo un plan.
"Ja, ja, ja", Pablo se rió por dentro.
"Este plan sí será formidable."

—¡Ay, Pablo! —dijo Blanca.

Pablo había unido con pegamento
las sandalias de Blanca.

A Blanca no le gustaba hacer bromas,
pero esta vez quería hacerle una a Pablo.

—¡Ja, ja, ja! ¡Mi plan sí fue formidable!
—dijo Pablo.

Esa noche, Blanca
no podía dormir.
¡Parecía que nunca
sería de día! Afuera todo
estaba completamente
oscuro. ¿Cómo era
posible?

Luego, Blanca salió
al jardín. ¡Afuera ya
brillaba el sol! Pablo
había pintado las
ventanas de negro.

—Buenas tardes,
Blanca —dijo Pablo—.
¡Mi plan sí fue formidable!

—¡Pablo, eres terrible!
¡Nunca más te voy a
hablar! —dijo Blanca.

Más tarde, Blanca salió a caminar por el bosque.

Pablo tenía otro plan. Esta vez fue al bosque para asustar a Blanca.

Pablo se escondió detrás de un roble, y se puso una máscara y una capa.

—Haré creer a Blanca que soy una zorra y la asustaré. ¡Qué plan tan formidable! ¡Auuu! ¡Auuu!

Pero detrás de él vio la osa más horrible que jamás había visto.

—¡Aaay! —gritó Pablo—. ¡Esta horrible osa me va a comer!

Corrió con toda la rapidez posible y llegó a su casa temblando.

Al día siguiente, Blanca invitó a Pablo
a jugar.

—Blanca, me siento mal por haberte
hecho tantas bromas. Es más, no debí
haberte hecho ni una —dijo Pablo.

—No importa, Pablo —dijo Blanca.

—Tal vez un día tú me hagas una broma
y quedaremos iguales —dijo Pablo.

Blanca sonrió amablemente y dijo:

—Tal vez…

La zorra y la cigüeña

Fábula de la Fontaine
adaptada por M. Eulàlia Valeri
ilustrada por Ana López Escrivá

Una vez se encontraron una cigüeña
y una zorra. Se pusieron a hablar y llegó
la hora de comer. La zorra, que era muy
astuta, sonriendo por lo bajo, le dijo a su
compañera:

—Querida cigüeña, me voy a casa que
tengo hambre. Si quieres venir, hoy tengo
una sopa de lo mejor.

—¡Encantada! —contestó muy contenta
la cigüeña—. Muy agradecida, querida
zorra, eres muy amable.

—¡Hala, pues, vámonos!

Y para allí se fueron.
Al poco rato, llegaron a la madriguera
de la zorra, bajo unos pinos muy altos.

Cuando estuvieron dentro, la zorra empezó a poner la mesa. Puso un plato llano y lleno de sopa delante de la cigüeña y otro plato llano y lleno de sopa para ella.

Después sacó del horno un pollo rustido y lo dejó encima de la mesa.

—¡Hale! —dijo la zorra—, ya podemos empezar a comer.

La pobre cigüeña quiso probar la sopa,
pero con su pico delgado y largo no hacía
más que golpear el fondo del plato.

¡Tac! ¡tac! ¡tac!, hacía su pico, y la zorra
se reía al decir:

—¿Te gusta la comida? ¿Verdad que
está buena?

Entretanto, la muy desvergonzada lamía su plato de arriba abajo hasta no dejar ni una gota de sopa. Luego se comió el pollo sin dejar ni un hueso. La cigüeña, naturalmente, se fue muy enfadada a su casa.

Y, hete aquí que al cabo de un tiempo la cigüeña encontró a la zorra.

—¡Hola, querida zorra! —le dijo—. Hoy quiero invitarte yo. ¿Vienes a casa a comer?

La zorra, que siempre tenía mucha hambre, contestó enseguida:

—¡Oh, sí, sí! Muchas gracias, querida cigüeña.

Al llegar a casa de la cigüeña, la
mesa ya estaba puesta, pero no se veía la
comida por ninguna parte. La zorra ya se
relamía. En esto, de la cocina llegó un
delicioso olorcillo de carne rustida y a la
zorra se le hacía la boca agua pensando
en el banquete que iba a darse.

Al poco, apareció la cigüeña. Llevaba unas botellas de cuello alto y estrecho, llenas de jugo de carne. Puso una delante de la zorra y se quedó la otra para ella.

La cigüeña metió el pico largo y fino dentro de la botella y, en un abrir y cerrar de ojos, se acabó todo el jugo de carne sin dejar ni una sola gota.

La zorra, en cambio, no hacía más que probar y volver a probar cómo meter el hocico dentro de la botella, pero corto y grueso como era, no podía de ninguna manera. Enfadada, sacaba la lengua e intentaba sorber, pero tampoco conseguía nada.

Con el rabo entre las piernas y el estómago vacío volvió a su madriguera sin decir ni media palabra. Mientras, la cigüeña, riendo, se tomó todo el jugo de la otra botella.

Conozcamos a la autora

El tío de **Maria Eulàlia Valeri** era escritor y poeta, y compartió con ella la afición a los cuentos. *La zorra y la cigüeña* está basado en una fábula antigua. Maria Eulàlia Valeri dice que es importante leer fábulas porque nos enseñan lecciones valiosas.

Conozcamos a la ilustradora

Ana López Escrivá empezó a dibujar inspirada por sus papás. Ambos son artistas. Al escoger su carrera, decidió estudiar ilustración. Trabaja en su casa, rodeada de sus cosas favoritas, mientras escucha música y toma té.

Hablemos

Si tú fueras la cigüeña,
¿cómo te habrías sentido
al no poder probar la sopa?
¿Qué hubieras hecho?

Piénsalo

1. ¿Por qué la zorra invita a la cigüeña a su casa? ¿Qué palabras usarías para describir a la zorra?

2. ¿Qué lección crees que nos enseña esta fábula?

3. En el cuento, los animales actúan como si fueran personas. Menciona otros cuentos o películas donde los animales actúan como si fueran personas. ¿Cuáles de tus personajes favoritos son animales?

Escribe consejos

Escribe una nota a la zorra. ¿Qué piensas de lo que hizo? Dale consejos sobre lo que debe y no debe hacer la próxima vez que invite a alguien a cenar.

Aa

a • bier • to

Abierto es lo opuesto de cerrado. *El banco está **abierto** durante el día, pero no por la noche.*

a • gra • de • ci • da

Una persona es **agradecida** cuando da las gracias por los favores que le han hecho. *Mi tía estaba tan **agradecida** por la ayuda que le presté que me envió una tarjeta.*

al • go

Algo significa una cosa; un poco. *Ella quería comprar **algo**. Esta comida necesita **algo** de sal.*

al • tos

Alto significa un sitio elevado o una persona de gran estatura. *Esos jugadores de básquetbol son **altos**. En Nueva York hay muchos edificios **altos**.*

árbol

ár • bol

Un **árbol** es una planta que crece muy alta. Tiene un fuerte tronco, raíz, ramas y hojas.

ar • te

El **arte** es el conjunto de reglas y métodos que se usan en la pintura, el dibujo y la escultura. *En el museo hay muchas obras de **arte** de pintores famosos.*

ar•tis•tas

Los **artistas** son personas que trabajan en algún tipo de arte. *Vimos las obras de muchos* **artistas** *en el museo.*

as•tu•ta

Una persona es **astuta** cuando es muy inteligente y no se deja engañar fácilmente. *La zorra por ser tan* **astuta** *no se dejó atrapar por los cazadores.*

aun

Aun *si sabes el secreto, por favor no digas nada.* **Aun** *si crees que no puedes, debes intentarlo.*

a•ven•tu•ra

Una **aventura** es un suceso extraordinario. *Mi viaje a la selva fue una* **aventura** *inolvidable.*

Bb

bai•le

Mi familia está invitada a un **baile**.

ba•ñar

Me gusta **bañar** *a mi perro con la manguera.*

ba•rrió

Alguien **barrió** *cuando quitó el polvo y la basura del suelo. Jaime* **barrió** *toda la casa después de la fiesta.*

bo•ca

Usamos la **boca** *para hablar y comer.*

Cc

ca•ja

Una **caja** es un objeto de varias formas y tamaños que se usa para guardar cosas.

ca•lien•tan

En el invierno ellos **calientan** *el agua antes de bañarse.*

ca•ma

Duermo en una **cama** *cómoda.*

cam•po

Un **campo** es un terreno que a veces se usa para cultivar alimentos. *Mis abuelos viven en el* **campo** *y siembran maíz y frijol.*

ca•ri•ño

Sentir **cariño** por algo o alguien es sentir amor, afecto. *Siento mucho* **cariño** *por mis primos.*

ca•sa

Una **casa** es un lugar donde viven personas.

ce•re•bro

El **cerebro** es la parte de la cabeza que usamos para pensar y entender las cosas.

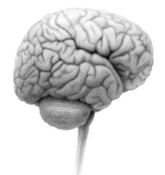

cerebro

co•ci•na

La familia está reunida en la **cocina.**

com•prar

Comprar quiere decir conseguir algo a cambio de dinero. *Estoy ahorrando dinero para* **comprar** *un libro.*

con•mi•go

Mi mamá va **conmigo** *al parque todos los domingos. Mi hermano quiere jugar al fútbol* **conmigo.**

con•ten•to

Contento quiere decir feliz. *Yo me siento* **contento** *cuando saco buenas notas en la escuela.*

co•ra•zón

El **corazón** es un órgano del cuerpo humano y de muchos animales que impulsa la sangre. *Cuando el* **corazón** *late, manda sangre por todo el cuerpo.*

co•rrer

Me gusta **correr** *por el parque con mi perro.*

co•se•cha

El tiempo de la **cosecha** es el tiempo de recoger lo que se ha sembrado. *Mi familia logró una buena* **cosecha** *de maíz.*

Dd

des•de

Estoy aquí esperando **desde** *las ocho de la mañana. Caminé* **desde** *la escuela hasta la casa.*

dinosaurio

di•no•sau•rio

El **dinosaurio** fue un animal que vivió hace millones de años. Algunos dinosaurios eran muy grandes y otros eran pequeños. Los dinosaurios no existen hoy día.

Ee

e • mo • ción

Una **emoción** es una sensación fuerte, como la alegría y el miedo. *Sentí una* **emoción** *muy grande al recibir el premio.*

en • can • ta • da

Una persona está **encantada** con algo o con alguien cuando le causa agrado. *Ella estaba* **encantada** *con el regalo.*

en • ci • ma

Encima quiere decir "sobre". *El libro está* **encima** *de la mesa.*

e • ne • mi • gos

Los gatos son **enemigos** *de los ratones.*

e • ner • gí • a

Energía es la fuerza que tiene una persona para hacer algo. *No tengo* **energía** *para jugar.*

en • trar

Vamos a **entrar** *al edificio juntos.*

en • tre

Quiero poner una mesa **entre** *esas dos sillas.*

escamas

es • ca • mas

Las **escamas** son las placas duras y delgadas que se encuentran en el cuerpo de algunos peces y serpientes.

es • con • di • da

Una cosa está **escondida** cuando está oculta y no se puede ver. *La gata está* **escondida** *detrás de la puerta.*

es • cu • char

Escuchar quiere decir oír con atención. *Debo* **escuchar** *al maestro para poder entender la lección.*

es • pa • cio

El **espacio** es el lugar que ocupa un objeto o la separación que hay entre dos cosas o personas.

es • tá

Ella **está** *en la escuela. Él* **está** *feliz con su bicicleta.*

e • xac • ta

Exacta significa sin errores. *Elsa adivinó la cantidad* **exacta** *de monedas que había en la alcancía.*

Ff

fa • mi • lia

Mi tía invitó a toda la **familia** *a cenar el domingo próximo.*

fies • ta

Una **fiesta** la forma un grupo de personas que se reúnen para celebrar algo o para divertirse.

familia

Gg

ga•nar

1 Ganar significa triunfar en una competencia. *Creo que mi equipo va a* **ganar** *el partido este domingo.*

2 Ganar siginifica conseguir dinero por algo que se hace. *Necesito* **ganar** *dinero para comprarle a mi mamá un regalo.*

gri•tos

Gritos son sonidos o palabras que se expresan más fuertemente que lo normal. *Los niños daban* **gritos** *en la montaña rusa.*

gui•ta•rra

Una **guitarra** es un instrumento musical compuesto de cuerdas y una caja de madera.

Hh

ha•cer

Me gusta **hacer** *castillos de arena en la playa.*

ha•cia

Luis caminó **hacia** *la casa. Ella miró* **hacia** *donde estaba su amigo.*

ha•llar

Hallar significa encontrar lo que se busca. *Al fin pude* **hallar** *el cuaderno que se me había perdido.*

her•mo•sa

Pintamos una **hermosa** *playa en el papel.*

ho•ci•co

El **hocico** es la parte de la cabeza de ciertos animales en la que están la nariz y la boca. *El perro trae un hueso en el* **hocico.**

ho•yos

Hoyos son huecos que se han hecho en una superficie. *A la gente no le gusta manejar por esa calle porque está llena de* **hoyos.**

Ll

llora

llo•ra

Alguien **llora** cuando derrama lágrimas.

Mm

ma•lo

El lobito feroz es un personaje **malo.**

ma•ne•ras

Maneras son formas de hacer algo. *Hay muchas* **maneras** *de ir al centro: a pie, en tren, en carro.*

man•za•na

Una **manzana** es una fruta redonda que se come y que puede ser de color verde, amarillo o rojo.

manzana

me•di•ci•na

Medicina es algo que el médico les da a los enfermos para que se mejoren.

mí

Ese chocolate es para **mí.**

405

mu•cha•cho

Un **muchacho** es un hombre muy joven.

mu•cho

Mucho quiere decir bastante cantidad de algo.

Nn

na•ci•do

Yo todavía no había **nacido** *cuando los astronautas llegaron a la Luna por primera vez.*

ni

La comida quedó muy rica. **Ni** *muy dulce,* **ni** *muy salada.*

ni•do

Las aves ponen huevos y cuidan de sus crías en un **nido.**

nido

nun•ca

Él **nunca** *ha estado en México.*

Oo

o•bra

Una **obra** es un trabajo de arte hecho por una o varias personas. *Están presentando una* **obra** *de teatro en el auditorio de mi escuela.*

Pp

pa•dre

Un **padre** es un hombre que tiene uno o varios hijos.

pá•ja•ros

Los **pájaros** son animales que tienen alas, el cuerpo cubierto de plumas y las patas delgadas.

pa • tio

Un **patio** es un lugar rodeado de paredes
pero destapado arriba que por lo general
está detrás de las casas.

pe • li • gro • sa

Una cosa es **peligrosa** cuando es algo que
puede hacer daño. *Ésa es una calle* **peligrosa**
porque tiene mucho tráfico.

pe • que • ño

Algo es **pequeño** cuando no tiene un
tamaño grande. *Tengo un avión* **pequeño**
y amarillo.

pe • re • zo • sa

Una persona es **perezosa** cuando no le gusta
trabajar mucho.

per • so • na • jes

Personajes son cada uno de los seres que
aparecen en un cuento, una obra teatral
o una película.

per • so • nas

Las **personas** son los seres humanos:
hombres y mujeres de todas edades.

pico

pico

pi • co

El **pico** es la parte saliente de la cabeza de
las aves por donde toman el alimento. *Las
aves alimentan a sus crías poniéndoles la
comida en el* **pico**.

po • llo

Un **pollo** es la cría de un ave, especialmente de la gallina.

puer • ta

Una **puerta** es un lugar por donde alguien entra en una casa o sale de ella. *Abre la* **puerta**, *por favor.*

Qq

qui • ta

Quita *esa botella de la mesa porque se puede caer al suelo.*

Rr

re • cre • o

El **recreo** es el tiempo en que se interrumpen las clases para que los niños jueguen y coman. *Jugamos al fútbol a la hora del* **recreo**.

ri • co

Algo está **rico** cuando tiene muy buen sabor. *El pastel que hace mi mamá es el más* **rico** *del mundo.*

ro • ja

Me gusta la flor **roja**.

Ss

sa • cu • do

Yo **sacudo** algo cuando lo agito en el aire para quitarle el polvo o la suciedad. *Yo* **sacudo** *el polvo de mi abrigo con un cepillo.*

sem • brar

Sembrar es echar semillas para que crezca una planta y dé flores y frutos. *Me gusta* **sembrar** *vegetales en el patio de mi casa.*

se • mi • llas

Las **semillas** son la parte de una planta que se siembra para que nazca otra.

si • gue

1 *Él* **sigue** *estudiando.*
2 *El gato* **sigue** *al ratón para ver si descubre su escondite.*

si • guien • te

Ese día él no fue a la escuela, pero al día **siguiente** *sí. No cruces por esta calle sino por la* **siguiente.**

so • bre

Sobre quiere decir "encima", que está puesto encima de algo. *Puse el libro* **sobre** *la cama.*

som • bra

Una **sombra** es una figura oscura que se forma cuando hay algo que bloquea la luz. *Ese árbol da mucha* **sombra.**

sor • pre • sa

Uno recibe una **sorpresa** cuando ocurre algo no esperado. *Elisa no se imagina la* **sorpresa** *que estamos planeando.*

sorpresa

Tt

su • yo

Suyo indica que algo pertenence a alguien. *Creí que el libro era* **suyo.**

tam • bién

A Carlos le gusta jugar al bésibol. A mí me gusta jugar al béisbol **también.**

tan • to

Tanto quiere decir en gran cantidad. *No grites* **tanto.** *Quiero* **tanto** *a mi perro que lo saco a pasear todos los días.*

ta • za

Mi **taza** *es pequeña.*

taza

tí • te • res

Los **títeres** son muñecos hechos de madera, de tela o de papel que se mueven con la mano o por medio de hilos. *Esta tarde hay una función de* **títeres.**

Vv

va • so

Un **vaso** es un recipiente de vidrio o plástico que se usa para beber.

ve • cin • da • rio

Un **vecindario** es el conjunto de todas las calles y casas que rodean el lugar donde vives.

ver•güen•za

Uno siente **vergüenza** cuando ha cometido alguna falta o cuando se es tímido. *Se puso rojo de la* **vergüenza** *cuando la maestra le dijo que pasara al pizarrón.*

vi•si•tar

Visitar quiere decir ir a ver a alguien a su casa. *Mis abuelos nos van a* **visitar** *mañana.*

za•pa•to

Un **zapato** es un calzado con suela que se usa para proteger los pies.

zapato

Palabras evaluadas

Unidad 1

Chacho y Nacha

Soy como soy

abiertos
bañar
escuchar
espacio
muchacho
mucho
patio
siguiente

**Cuando canta
el gallo**

**Perro Pablo y
Ratón Ramón**

cama
cariño
conmigo
mí
puerta
visitar

La semilla de Gisela

**En los jardines de
la ciudad**

altos
cosecha
energía
hoyos
manzana
sembrar
semillas
vecindario

**La fiesta de Guille
Guerrero**

Fotos de la boda

corazón
ganar
guitarra
llora
pollo
rico
suyo

**Rina y tío Rolo van
al río**

La sorpresa

barrió
contento
correr
hacia
nunca
sorpresa

Unidad 2

**Lorenzo, el patito
feo**

El pato

calientan
hallar
nacido
nido
pico
sacudo
tanto
zapato

¿Crees lo que ves?

La vista

boca
cerebro
entre
escondida
está
vaso

**Los animales van
a comer**

La más hermosa

árbol
baile
cocina
entrar
hermosa
roja
taza

**Serpentina y sus
troncos**

Las serpientes

enemigos
escamas
maneras
medicina
personas
quita

El pájaro Manuel

**Pájaros en la
cabeza**

algo
comprar
emoción
pájaros
recreo
sigue

Unidad 3

**La mascota de
Patricia**

Quino y Dino

aventura
dinosaurio
familia
noche
padre
pequeño

¡Bravo, bravo!

Los títeres

artistas
campo
desde
obra
personajes
sobre
sombra
títeres

**Graciela y
Prudencio**

Cucú

aun
encantada
gritos
malo
peligrosa
perezosa
también

**Una sorpresa para
Chigüi**

**Cam Jansen
y el juego de
los dinosaurios**

arte
caja
exacta
fiesta
muñeco
vergüenza

Pablo y Blanca

**La zorra y la
cigüeña**

agradecida
astuta
encima
hacer
hocico
ni

Acknowledgments

Text

Page 68: From "En los jardines de la ciudad" by George Ancona. Adaptaded by Vivian Cuesta. Reprinted by permission of Addison Wesley Longman, Inc.

Page 84: "Acertijo" from *La noria de Gloria*. Copyright © 1996 by Gloria Fuertes. Reprinted by permission.

Page 92: *Snapshots from the Wedding* by Gary Soto. Illustrations by Stephanie Garcia. Text copyright © 1997 Gary Soto. Illustrations copyright © 1997 Stephanie Garcia. Reprinted by permission of G. P. Putnam's Sons, A division of Penguin Putnam Books.

Page 122: "Lo que tengo" from *Hispanic Games and Rhymes* by Cynthia Downs and Gloria Erickson. Reprinted by permission of Ideal • Instructional Fair Publishing Group.

page 130: "The Surprise" from *FROG AND TOAD ALL YEAR* by Arnold Lobel. Copyright © 1976 by Arnold Lobel. Reprinted by permission of HarperCollins Publishers.

Page 152: *Duck (See How They Grow)* Created by Dorling Kindersley. Text copyright © 1991 by Dorling Kindersley Limited, London. Copyright © by Barrie Watts for photographs. Reprinted by permission of Dorling Kindersley Limited, London. All rights reserved.

Page 178: "Seeing" from *You Can't Smell a Flower with Your Ear!* By Joanna Cole. Copyright © 1994 by Joanna Cole. Reprinted by permission of Grosset & Dunlap, Inc., a division of Penguin Putnam Inc.

Page 218: *Snakes—All Aboard Reading* by Patricia Demuth. Illustrations by Judith Moffatt. Text copyright © 1993 by Patricia Demuth. Illustration copyright © 1993 by Judith Moffatt. Reprinted by permission of Grosset & Dunlap, Inc., a division of Penguin Putnam Inc.

Page 246: *Pájaros en la cabeza* by Laura Fernández Rivera. Copyright © 1983 by Laura Fernández Rivera. Reprinted by permission of Editorial Trillas.

Page 263: "Trato hecho" by Amado Nervo from *Poemas escogidos para niños* by Francisco Morales Santos. Copyright © 1998 by José Julio Piedra Santa Arandi. Reprinted by permission.

Page 264: "Era una paloma" from *Versos de dulce y sal*, selected by Antonio Granados. Reprinted by permission.

Page 264: "Carpintero" from *Rimas tontas* by Ernesto Galarza. Text copyright © 1971 by Ernesto Galarza. Reprinted by permission.

Page 274: *Quino y Dino* by Miquel Alzueta. Illustrated by Àngels Comella. Text copyright © 1993 by Miquel Alzueta. Illustration copyright © 1993 by Àngels Comella. Translation copyright © 1993 by Maria Llopis. Reprinted by permission of La Galera.

Page 288: "Los animales domésticos" from *Días y días de poesía* by Alma Flor Ada. Text copyright © 1991 by Alma Flor Ada. Reprinted by permission of the author.

Page 296: *Los títeres* by Berta Hiriart Urdanivia. Photographs by Cristine Camus. Text copyright © 1981 by Berta Urdanivia. Photographs copyright © 1981 by Cristine Camus. Reprinted by permission of Grupo Patria Cultural.

Page 316: *Cuckoo: A Mexican Folktale*, copyright © 1997 by Lois Ehlert, reprinted by permission of Harcourt Brace & Company.

Page 350: *Young Cam Jansen and the Dinosaur Game* by David A. Adler, illustrated by Susanna Natti. Copyright © 1996 by David A. Adler. Illustration copyright © 1996 by Susanna Natti. Reprinted by permission of Writer's House, Inc.

Page 380: *La zorra y la cigüeña* by M. Eulàlia Valeri. Illustrated by Pilarín Bayés. Text copyright © 1973 by M. Eulàlia Valeri. Illustration copyright © 1993 by Pilarín Bayés. Translation copyright © 1993 by Asunción Lissón. Reprinted by permission of La Galera.

Artists

John Sandford, cover
David Wenzell, 10-11
Joe Cepeda, 12-19
Viví Escrivá, 20-37
Dolores Avendaño, 38-43
Ivar Da Coll, 44-61, 240-245
Ana Ochoa, 62-67
Carol Maglitta, 68-83, 85
Nancy Gibson Nash, 84
Maribel Suárez, 86-91
Stephanie García, 92-120
Laura Cornell, 122
Debbie Tilley, 124-129
Arnold Lobel, 130-141
Jerry Tiritilli, 144-145
Cheryl Kirk Noll, 146-151
Chris Powers, 170-177
Neesa Becker, 178-185
Rick Brown, 188-193
Francisco Mora, 194-211
Mary Grand Pré, 212-217
Judith Moffat, 218-236
Yumi Heo, 238
Laura Fernández, 246-261
Lizi Boyd, 263-264
Liisa Chauncy Guida, 265
Loretta Lustig, 166-167
Darcia Labrosse, 268-273, 288
Àngels Comella, 274-286
Claudia de Teresa, 290-295
Yvonne Chambers, 296
Anthony Lewis, 310-315
Lois Ehlert, 316-341
Donna Perrone, 344-349
Susanna Natti, 350-371
Randy Chewning, 372-373
C.D Hullinger, 374-379
Ana López Escrivá, 380-397
Pamela Paulsrud, 130, 142, 146, 218

Photographs

Page 123 Allan Penn Photography for Scott Foresman

Pages 152-169 Images reproduced from *Duck (See How They Grow)* with permission of DK Publishing, Inc.

Page 186 Richard Hutchings for Scott Foresman

Pages 308-309 Allan Penn Photography for Scott Foresman

Page 342 Harcourt Brace & Co.

Page 343 Allan Penn Photography for Scott Foresman

Page 372 (B) Courtesy Susanna Natti